U0574640

平成皇后
美智子

〔日〕

渡边满子

/ 著

皇后陛下美智子さま
心のかけ橋

尤一唯

/ 译

苑崇利　王敏

/ 审校

社会科学文献出版社
SOCIAL SCIENCES ACADEMIC PRESS (CHINA)

KOGOHEIKA MICHIKOSAMA KOKORO NO KAKEHASHI

BY Mitsuko WATANABE

Copyright @2014 Mitsuko WATANABE

Original Japanese edition published by CHUOKORON-SHINSHA,INC.

 All rights reserved.

Chinese(in Simplifed character only)translation copyright @ 2022 by Social Sciences

Academic Press

Chinese(in Simplified character only)translation rights arranged with CHUOKORON-

SHINSHA,INC.through Bardon-Chinese Media Agency,Taipei

目 录

目　录

中文版序言

　　1992年10月，平成天皇夫妇对中国进行了正式访问。向前追溯20年，1972年9月，日本与中国实现了邦交正常化。当时在田中角荣首相身边负责外交事务的外务大臣大平正芳是我的外祖父。

　　值此日中邦交正常化50周年及平成天皇访华30周年之际，《平成皇后美智子》一书的中文版将在中国出版，我对此感到由衷的高兴！

　　我做平成皇后美智子的取材报道工作迄今也逾20年。在我看来，无论是作为太子妃还是作为皇后的美智子，她所发挥的作用之重大无从计量。

　　1992年，美智子在访华前夕举行的记者见面会上说道："记不清是在小学几年级了，音乐课上我们学唱了《扬子江》这首歌。歌词大意是江水漫漫，昼夜川流不息，滋润着沃野。唱歌的时候，我把中国和居住在那里的人们的形象叠加在一起，在心里留下了广袤和硕大的印象，至今感念在心。至于说访问的准备，虽然时间紧促谈不上充分，但我从天皇和各有关方面的人士那里学到了很多，自己也在读一些关于中国各地的民间故事。"

美智子的外祖父曾在上海的日本租界供事，对中国的国情有较深的了解。美智子的母亲富美子在上海长大，接受的是英系教会学校的教育。

接近平成尾声的 2019 年 4 月，我有机会在御所见到了皇后。我向她报告此书即将译成中文版，美智子即刻说道："翻译和歌部分是哪位呀？将和歌译成中文有相当大的难度，甚至听说不太可能，翻译者很重要啊！"

美智子的和歌情深意切、纤细而优美。于是我介绍了王敏教授来做和歌的翻译。借此机会，对王敏教授欣然接受了我的拜托，衷心致意，深表感谢！

时逢新冠疫情期间，对此书在编辑、出版中给予鼎力协助的社会科学文献出版社以及相关的工作人员表示衷心的感谢！同时，此书在今后如能起到"连接日中的桥梁"的作用，将不胜荣幸。谨此致谢！

2022 年 1 月北京冬奥会前夕写于东京自宅

渡边满子

2014 年 10 月 20 日，皇后美智子迎来了她的伞寿①。日本进入平成②年代已逾四分之一个世纪，美智子嫁入皇室也已逾 55 年，那么她是怀着何等心情迎接这一天到来的呢？

此前一年的 12 月，明仁天皇迎来八十大寿，他在会见记者时谈到了他的家庭生活以及和皇后的感情："我身为天皇，有时甚至会感到孤独。

---

① 在日本，虚岁80岁被称为伞寿，因为在日语中伞字上下两部分可分为八和十。——译者注

② 1989年1月，日本第125代天皇明仁登基，改年号"昭和"为"平成"。2019年5月1日起随着天皇明仁的生前退位，日本改年号为"令和"。——译者注

但在婚后我有了我所珍重并也珍重我的伴侣。皇后一直尊重我的立场并支持我，让我可以为履行天皇的职责而努力，对此我感到宽慰。今后，我要为国民每天的幸福祈祷并继续努力。"

听了天皇的此番话，我心中不禁一热，想必皇后也被天皇这一席话打动了吧。

我为制作电视节目，参与采访皇后的工作已逾20年之久，其间也有许多美妙的邂逅。通过采访皇后美智子，了解到她很多的生活方式，我的人生阅历也因此变得更加丰富。有一次我采访一位皇后的学长时，面对我这个记者，受访者突然用英语问我：

"What is your vocation?"

此后，VOCATION（人生使命）这个词始终萦绕在我脑海中挥之不去。我想在人生的旅途中，如果能和作为自己使命的主题不期而遇，并可以以此作为自己的使命，那无疑是一种幸运。

本书便是有关皇后与她身边的人的人生使命的记录。

1

非凡之缘的启程

　　1959 年 4 月 10 日，日本迎来了世纪婚礼。那是一个晴朗温暖的日子，皇居和街头巷尾樱花盛开。日本历史上第一位平民出身的王妃嫁入皇室，全日本为之沸腾、陷入狂热。

　　婚礼距离时为皇太子明仁与正田美智子邂逅于轻井泽网球场已有一年半的时间。身为东宫参与、负责皇太子教育的已故小泉信三博士直言：对"太子妃殿下 ① 我和殿下是有共识

① 根据日本 1947 年制定并沿用至今的《皇室典范》第 23 条，对皇后、太皇太后以及皇太后的敬称为"陛下"，对他们以外的皇族的敬称为"殿下"。明仁天皇和美智子在皇太子和皇太子妃时代被称为"殿下"，在成为天皇和皇后之后被称为"陛下"，下不赘述。——译者注

的。"皇太子殿下个人的意愿竟然和第三者客观的评价惊人一致。除了小泉之外，作家、《红发安妮》的译者村冈花子回忆起那时的心情："（皇太子成婚的）消息如清风拂面一般，给我一种清新感。我感到时代进步了。"[①] 诗人佐藤春夫也写诗祝福皇室的喜事："田野采花，一枝独秀。"

1957年春天，日清制粉社长正田英三郎的千金正田美智子从圣心女子大学毕业。在一次网球比赛中她与皇太子殿下邂逅，成了球场上对阵的双方。据说她的端庄之美和智慧让当时无数的男士为之倾倒。后来，皇太子告诉朋友自己对那场比赛的印象，"我从没见过像她这样的人。无论一场网球比赛多么没有胜算她都坚持到底不放弃，对每一个球都毫不马虎。当回过神来时，才发现自己已经败下阵来。"皇太子在此后一年里多次邀请美智子来东京草地网球俱乐部（Tokyo Lawn Tennis Club）打球。他们因成为同一俱乐部的成员而拉近了彼此的距离。皇太子认为他遇到了最符合太子妃资质的女性。为迎娶美智子，他真诚地去说服她，终于成就了这段恋情。

一开始，美智子对皇太子的特殊身份十分畏惧，她多次表示回拒这门婚事。据知情人士透露，最后打动她的恰恰是皇

---

① 『産経新聞』1958年11月28日。

太子对自己太子身份不可改变的认识以及对此的责任意识。

天皇在他们成婚 50 多年的 80 岁生日时，如前文所述，在回顾家庭感情时提到："我身为天皇，有时甚至会感到孤独。但在婚后我有了我所珍重并也珍重我的伴侣。"

在完成学习院大学初等科的学业之前，天皇一直身处于战争环境之中。他遵从一直以来日本皇室的习惯，在幼年时便离开双亲，因此陛下说自己是"孤独"的人，但和美智子的婚姻为他的生活打开了一扇明亮的窗户。

天皇在订婚后作了一首和歌：

百转诉衷肠
不思量
心中藩篱忽开窗

他们约定："将来我们的小孩生下来，一定要在我们膝下成长。"两人育有二男一女，都在他们身边长大。美智子在尽职尽责地履行公务，如参与皇室传统的祭祀和仪式之余，还要照顾子女，可想而知她的日子并不轻松。从美智子谈及天皇时饱含谢意的话语中，我可以读出她对此的努力根植于对皇太子、天皇那一份不变的尊敬和深切的爱。

在结婚 25 周年的银婚纪念会上，天皇吟咏了一首和歌：

平成皇后美智子

结缘二十五载

今又开

岁岁满目花结彩

下面就让我们来回顾天皇八十大寿之际，皇后美智子将迎来成婚 55 年的非凡之缘的旅程吧。

图 1-1 24 岁的正田美智子在池田山的正田家

资料来源：照片由宫内厅提供。

2 皮斯托亚之行

　　置身于阳光里的人。这是我 1993 年 9 月 4 日在意大利佛罗伦萨郊外初见皇后美智子时的印象。在皮斯托亚市政府前，黑色的车队静静地驶入。天皇夫妇慢慢走下车子。我在广场的另一边远远地望着他们，当时的皇后真是美丽动人。

　　不可思议的是我好像一时间呆住了。缓过神来才发现一直下着的细雨停了，一缕阳光拨开云雾撒向大地。我之前听说过天皇在场时天气一定会放晴的言传，看来果真如此呢。

　　"MICHIKOSAMA！①"

_____

　　① 美智子陛下。——译者注

聚集在广场上的意大利人用刚学来的日语喊着皇后的名字，同时还报以阵阵掌声。面对意大利人如此暖心的迎接场面，皇后挥手向大家致谢。这番景象宛如身处梦境一般，迄今令我难以忘怀。这是我第一次参与报道皇室的新闻。

那时我刚过 31 岁，进入日本电视台工作已经有 9 年了，刚刚开始学习意大利语，也想借机实践一下，因此向台里申请前往意大利采访。

通常有关皇室的新闻是由隶属于宫内厅记者俱乐部的记者来报道的。随同天皇夫妇出访海外的记者需要先在宫内厅登记，并支付完相关费用后才能同行。我因为属于电视节目制作部门，所以无法进入宫内厅记者俱乐部，算是一行中的异类。我们采访组由在《急救医院》纪录片制作中大显身手的后藤全孝导演、资深摄影师平柳晴淑以及意大利当地的职员和我组成。此次采访是为了制作预计于当年 10 月底播出的特别节目《华丽的太子妃诞生——皇后美智子和雅子妃》。1993 年 6 月，皇太子成婚，在一系列的华丽典礼结束后，天皇、皇后才离开日本访问欧洲。

一般在制作这样的节目时，影像素材往往是向有关方租借。本来我们采访组应该贯彻事后采编的原则，即不去当地采访。但是，当时日本电视台正在全力采访的罗马西斯廷教堂的修复工程经历了 13 年历程，已到收尾阶段，因此我此行的采访肩负了双重任务。

这是我翘首以盼的一次采访。和宫内厅记者俱乐部的记者们必须集中在同一处采访不同，我可以像别动队一样到处移动。当时我带着用起来还不是很顺手的 8 毫米摄像机，在与同行记者不同的地点以不同的视角自由进行取材。

就在取材过程中，皮斯托亚市政府周围突然间弥漫起了紧张的气氛。日本电视台留下的录像中也记录下了同行记者和摄影师们慌忙的样子。市政府里边究竟发生了什么？

"皇后好像在弹钢琴哟。"

不久，大家明白了是怎么回事。原来应一位年轻的女长笛手的邀请，皇后演奏了一曲巴赫与古诺的《圣母颂》。

1988 年夏天，美智子应邀出席岐阜县白川町的国际音乐节，当晚，她就住在管风琴制作家辻宏的家中。辻宏的家是由废弃的山间小学校改造而成的，平时还兼作他的音乐室。当天晚上，皇后为了准备第二天的演奏会，还应邀在辻家二楼与来自意大利学习音乐的学生们进行了愉快的合奏。

邀请皇后演奏《圣母颂》的长笛手正是那群学生中的一人，她希望在意大利再现五年前在白川町的那一幕，因此临时向皇后提出了这个请求。

在对皇后进行采访之后，我开始觉得这在情理之中。多年之后重新审视，才能体会到皇后为人处世的点点滴滴。出访中她能一直真诚得体地对待众多邂逅之人，这种为人处世之道又为皇后拓展了新的机缘，他们有时也会像在皮斯托亚时那样在另一个场合不期而遇。

那天，皇后演奏《圣母颂》是因在辻家二楼和学生相遇才促成的。如果再往前追溯，要是没有与在日本偏远小镇从事管风琴制作的辻先生的长期交往，也是不可能有这一幕出现的。

辻先生是著名的西班牙萨拉曼卡大教堂的宝物"不鸣风琴"的修复者。对于日本人的这一骄傲的文化贡献的全过程，皇后始终予以极大关切，并给予辻先生精神上的支援。

2003年10月8日，在访问皮斯托亚10年之后，为庆祝辻宏先生古稀诞辰，东京目黑日本圣公会圣保罗教堂举办了管风琴演奏音乐会。演奏者中有风琴家基·博威（Guy Bovet）。被邀请的宾客总共有109人。皇后当天以私人名义参加活动，虽中途才到场但还是如约参加了，要知道她的日程安排是以分钟计算的，安保由皇宫警察和当地的警察署联合承担。

皇后是在第一幕和第二幕之间的休息时间到达会场的。在夜色笼罩的教堂门口，辻先生夫妇迎接皇后，然后将皇后带到作为她休息室的司祭室。在第二幕开始后，待确认全体人员已经就座后，身着深灰色西装的皇后才悄然入席。皇后选在演出开始之后进场，这是最不引人注目也是最不容易引发混乱的进场方式。

20 点 30 分，演奏按时结束了，在大幕背后，侧面入口的大厅里举行了一场小型交流会。会上大家一同庆祝让宏先生 70 岁生日。插着蜡烛的草莓蛋糕送到让宏先生手中，大家一起唱起了生日歌。

唱完生日歌之后，让宏夫人纪子提议：“皇后的生日是 10 月 20 日，大家也为皇后唱一首吧。”大家十分高兴，一起合唱的人越来越多。但是当唱到“生日快乐亲爱的……”时，大家戛然而止。应该称呼皇后还是什么呢？大家不知所措。有唱“美智子”的，有唱“皇后”的，真是令人忍俊不禁的一幕。大家处于轻松的气氛当中，迎接皇后的紧张感顿时烟消云散。

生日祝福之后，服务生为大家分发红酒和饮料，交流会正式开始了。当天的新闻里播报道，让宏夫人准备了“令大家轻松愉快”的食物。皇后估计是和天皇一起稍早前用完晚餐才来的，她只喝了少许红酒，并和宾客们攀谈着。

皇后在 21 点 10 分离开。让我印象深刻的是，目送皇后离开的人群很自然地排成了队列并一起走到了教堂的门口。皇后最后走到失明的大键琴演奏家武久源造面前，和他握手后，向大家道别。

　20 多年来我多次遇见这样的场景。我从事皇室采访原本是源自一个想去意大利看看的不纯动机，但我没想到自己居然一直坚持到了今天。这大概是多亏了时常见到的充满慈爱的皇后给了我工作的动力。通过皇后日常的言谈举止，我觉得我能感受到她的内心深处；我大概被她的心灵给迷住了吧。总之，我渐渐觉得皇后美智子作为日本女性，是一位值得我发自内心尊敬的人。

3

卷发的小女孩

2002 年 9 月 28 日上午 10 点 30 分，皇后乘坐的日本航空 451 号航班按预定时间于成田机场起飞前往苏黎世，全程耗时 11 小时 50 分钟。这是日本历代皇后首次只身前往他国。在瑞士巴塞尔举办的 IBBY（国际儿童图书评议会，International Board on Books for Young People，以下称 IBBY）创立 50 周年大会上，皇后将作为该机构的名誉总裁出席活动。

皇后与书籍尤其是与儿童读物有着不解之缘。在她的著作《架桥：童年阅读的回忆》①中谈及了许多幼儿时的读书体

---

① 中文版：唐亚明译《架桥：童年阅读的回忆》（少年儿童出版社，2002）。——译者注

验，并向读者表述了读书的意义。

巴塞尔距离苏黎世大约一小时车程，是靠近法国和德国边境的一座小城市。巴塞尔大教堂位于市中心，莱茵河呈半圆形流经全城。

我作为 IBBY 的会员，先于皇后两天抵达巴塞尔。以采访皇后为契机，我在 1998 年加入该会。为了跟踪报道皇后此次出访，日本电视台派来了负责宫内厅采访的记者增田隆生和"超级电视信息最前线"的导演小岛清美以及摄影师，他们和皇后同机抵达。

皇后下榻的酒店可以俯瞰莱茵河的三王大酒店（The Grand Hotel Les Trois Rois）。三王大酒店规模虽不大，却是一个历史悠久、品位高雅的酒店，且有观赏巴塞尔城的景观房。在瑞士期间，每天早上皇后会在城中散步，看得出来她是在努力调整时差。我们日本电视台的摄影师为了拍摄她在街中散步的情景赶到现场，皇后走路的速度却把摄影师吓住了。与其说她是在散步不如说是在竞走，可见一直都以优雅姿态出现在人前的皇后还有作为运动员的另一面。

在 5 天的访问行程中，除了在巴塞尔市举办的欢迎仪式和午餐会外，几乎所有其他的行程时间都安排给了 IBBY。皇后与各地来访的与会者们会面，倾听他们的想法并同他们亲切交谈。皇后一早便抵达作为 IBBY 会场的阶梯教室，她热心倾听各国代表的演讲并不时做笔记。皇后的姿态让人感觉她就是一位认真听课的学生。

在大会首日，IBBY 事务局局长丽娜·迈森以及会长岛多代等 4 位先后致辞，皇后身为名誉总裁被安排到最后用英语演讲。她在演讲中提及自己初为人母时的不安，以及喜欢上窗道雄的诗的故事，并给从事儿童图书工作的人们送去了温馨的问候。我记得演讲中一句最具皇后风格的话是："说不定我是被一直在我心中的小女孩邀请到这儿来的。"这句话如诗一般在我耳边回荡。

美智子于 1934 年 10 月 20 日作为正田家的长女出生于东京大学医院。她生下来便是个健康的婴儿，据她父母说，她是顺利地成长为一位大千金的。

1939 年 4 月起，她在驹入的大和乡幼儿园上了一年学。大和乡位于东京都内的山手线巢鸭站与驹入站之间，是向南延伸的街区，距离六义园以及岩崎一家的宅邸很近，街区中的房子多为约 600 平方米的豪宅，英国风格的建筑鳞次栉比，地方上来的地主、官僚、学者等是该住宅区的主要成员。

说来也巧，我也曾上过大和乡幼儿园。因此之故，前些日子我还专门到访当地，被夜幕包围的大和乡现在仍和以前一样到处是高级住宅。

在纪念大和乡幼儿园创立 70 周年的纪念册上，刊登了曾经担任美智子班教学工作的深泽美智老师（已故）的一篇文章。"我初次见到美智子是在她哥哥正田严在御在园那会儿，我记得她是拉着母亲的手去接她哥哥的。她那大波浪的卷发样子十分可爱，宛如会行走的法国玩偶娃娃"，"现在我还清楚地记得太子妃的样子，她当时在高兴地玩'鞋店小人'和'捡贝壳'的游戏，有时还会跑去玩沙子，把沙子捏成馒头形状"。

1979 年 6 月 1 日，美智子出席大和乡幼儿园成立 50 周年纪念典礼，她在致辞中提到："幼儿园的时候我还什么都不懂，只是隐约记得当时总是天天在快乐地玩耍。我可以想象幼儿园里的老师关怀着孩子们的成长并细心照料他们，他们能抓住小孩内心的闪光点，细致耐心地对他们加以引导。"

远去的童年时代的隐约记忆，却是触人心弦的回忆……我也沉浸在回忆之中，在脑海里描绘着美智子年幼时的样子。美智子之后转到双叶幼儿园，并升入双叶学院小学，但此时却已进入战争年代。不久之后，正田家被迫搬离东京。遵照美智子祖父的建议，他们从鹄沼、馆林、轻井泽再回到馆林，过着颠沛流离的疏散生活。

和美智子共同度过流转离散生活的还有大她一岁的堂姐柚

木纪子。根据她的回忆，在最初的疏散地鹄沼，两人就读的是乃木高等女校的附属小学（现湘南白百合学院）。她们当时穿着双叶学院小学的水手服和劳动裤，斜戴着防空头巾，穿着母亲用粗布缝制的帆布鞋上学。学校里有宽阔的走廊，按照传统，学生要听从班长号令在走廊上擦地板。虽然与双叶学院小学同为天主教教会下属的学校，但该校的校规却极其严格，这让她们姐妹俩大吃一惊，不过小孩子对一切都适应得很快，柚木笑着说道。

柚木过后在文章中写道，在轻井泽"被拴在落叶松林里大桑木上的母山羊，它的母乳被小山羊贪婪地吮吸着。'小山羊啊，能否把羊奶分一些给人们呢？'美智子一边说着，一边用灵活的手指挤出了乳白的奶汁，羊奶装满了陶瓷盆。犹如示范了一次引导人们向生存能动性深层思考的实际操作过程"。①

离乡背井的生活是困窘的，好不容易能吃上一次白米饭，竟然因为大家舍不得吃，剩了饭而放馊了。不过大家也没把馊了的饭扔掉，而是把它洗一洗再混入一些小麦粉，再像烤馅饼一样烤一烤，那味道可真好……她的回忆并未褪色，如此鲜明地深存脑际。

---

① 『文藝春秋』2003 年 11 月号。

图 3-1 7 岁的正田美智子

资料来源：照片由宫内厅提供。

柚木回忆道:"(皇后和我)在疏散的日子里,'死亡'时常发生在我们身边。但正因为如此,'每一个瞬间都变得很充实,因为我们必须当场做完事情而不留遗憾',就像写短诗一样······"①

柚木的父亲是正田顺四郎,他在 1945 年 5 月 25 日的东京大空袭中罹难。

"1945 年 5 月 25 日夜里,表参道变成了一片火海。在堆积如山的尸体中,我寻找着父亲的遗体。我和母亲回到馆林,她抱着我在空荡荡的 6 榻榻米大②的房子里闭门不出。'今后我只想看到美的东西。'母亲老是反复低语着,和服的破布与和纸散落一地。隔着纸拉窗看到在另一个房间一动不动屏住气息的美智子和富美子伯母。这场景宛如一家人分享痛苦的爱的仪式一般。"③

日后美智子在以《回忆》为题纪念顺四郎的文集上刊发了一首当时写的诗:

顺叔叔

回首三年前

---

① 『文藝春秋』2003 年 11 月号。

② 大约不到 10 平方米。——译者注

③ 『文藝春秋』2003 年 11 月号。

平成皇后美智子

鹄沼太阳好
叫上顺叔叔
一起练赛跑

挥衣一瞬间
院里缥阳炎
预备——跑——
总是叔叔跑前边

今日冲出起跑线
叔叔突现跑在前
回首一瞬间
物语眼镜与笑颜

告别丧仪馆林城
叔叔形神伴我行
怀念藏在手袋里
无论轻井泽还是东京

——正田美智子　9 岁而作

柚木纪子现在是一位活跃的俳句作家，她的散文也十分
有名，她作品中的措辞和语言十分感人。

18

"小时候我们俩在五反田的院子里到处吸吮着椿花的蜜汁，在材木座海岸边玩得全身都是泥巴，在轻井泽夏天的草地上挤着山羊奶戏耍。我们无话不谈，互相诉说着，好像彼此都有无边的想象力。"[①]

美智子创作了许多动人心弦的和歌。一起玩耍的两位想象力丰富的少女，一位长于和歌，另一位则长于俳句，她们都在自己的领域里登峰造极。我一直认为只有体验过哀愁的人才能让自己的文学表现变得更加深邃、丰富。在我读到两人的作品时我的上述看法更加得以印证了。在那些精心编织的语句的背后，我发现两人至今仍心心相通。

柚木描绘的少女时代的美智子便是皇后在巴塞尔的演讲中言及的那个"小女孩"吧。

---

① 『文藝春秋』2003 年 11 月号。

4 修女①布里特的巨大影响

在我手头有一本 1957 年度圣心女子大学被称为 YEARBOOK 的毕业相册。

翻开相册，在第 65 页是微笑的正田美智子身着校服的毕业照。相册中的每一个人都闪耀着个性的光彩，里面有几位的照片旁还附上了手写的寄语和签名。应该是写给相册主人的寄语吧。在美智子的照片旁就有美智子给相册主人的寄语："With Love & Gratitude"（带着爱和感谢），并附上了自己的签名。签名是女性化的圆体，从中可以让人感受到年轻

---

① Mother Elizabeth Britt。日本女子教会学校称老师为 mother，文中统一译作修女。——译者注

时皇后的聪颖。

毕业相册里还有献给美智子的英文诗歌，诗歌的结尾写道："她不仅是网球场上的女王，也是体现圣心精神的领袖。"

1953 年，美智子从圣心女子学院高等科毕业进入圣心女子大学。在大学一年级时担任福祉委员长，二年级时担任学年的自治会副会长，三年级时被选为自治会会长，四年级时获得连任。身为全学年的自治会会长的她度过了丰富的大学校园生活。

当时圣心女子大学的学生会选举是没有竞选制度的，采取的是提名制。在选举时同一学年的全体学生齐聚一堂，先由学生举手要求参选。然后在叫到志愿参选的候选人名字时，投票给她的人会道"同意（I second）"并举手，只要举手人数超过一定数目，这些候选人的名字都会被写到黑板上。再由学生投票给自己的支持者，如果没有人获得过半数的票，候选人名单便被缩小到得票第二、三名再度投票，直到产生一位获得一半以上票数候选人为止。因此最后当选的往往不是"自己想选的人"而是"学生想推举的人"，候选人至少需要得到全体学生的过半数票才能当选。

皇后便是经过上述程序当选的。据当事人说，皇后自己对此也深感意外，"为什么只知道打网球的我？"修女布里特对美智子的评价是，美智子与其说是历任会长中最有能力的，不如说她是得到大家帮助最多的幸运会长。确实美智子和那种十分能干、热火朝天的会长的感觉是不同的。虽然被选为自治会会长，据朋友透露，一开始美智子说话的声音很小，"后来才慢慢习惯，被锻炼成一位不错的会长"。皇后现在也不习惯出现在众人面前，当她成为学生领袖时会发生什么呢？

担任 IBBY 会长的岛多代是比皇后低三年级的学妹，她在《读卖新闻》的连载文章《时代的证言者》中回忆道："皇后的端庄之美在校园里十分突出……她在运动上还是全能。被同学们称为'羚羚'，是当时全校学生敬仰的对象，即便如此她还是保持着为大家服务的态度。"此外，据比皇后高一届的日本职业网球选手松本多美子（婚前姓安田）回忆，学生时代的皇后作为网球选手在打球时对待每一个球都十分认真，"我从来没有遇到像皇后般可靠的搭档"，"身为学生干部，她明白自己必须发自内心谦虚地对待他人并如是去做"。①

甘为他人服务的皇后像现在一样，在进入皇室前的大学时代便磨砺自我。总之，虽然美智子在被选为学生自治会会长后感到十分困惑，但在精神上支持她的是当时一百多名同年级同学的友情，和一直关心美智子自治会工作的校长修女布里特的期待与信赖。

---

① 『皇太子殿下皇太子妃殿下　御結婚二十年』の「テニスの思い出」より。

修女布里特本名伊丽莎白·特蕾莎·布里特。她肩负"通过基督教践行女子高等教育"的使命，以自己的卓越领导才能在日本从事教育活动。

她于 1897 年出生于纽约，在年轻时也曾涉足社交场，据圣心女子大学的毕业生说，她走路的姿势十分优雅。她在肯伍德的圣心女子大学毕业后便决心投身修道生活。此后她在美国各地的圣心姐妹学校从事教学工作。1937 年 4 月，她接受日本教会的任命只身来到日本，就任东京三光町的圣心女子学院留学生部（现圣心国际学校）校长。后因第二次世界大战的爆发，她撤离日本回到美国。

在战争结束之后的 1947 年她再度来到日本。次年创立了圣心女子大学并就任第一任校长。在此后的大约 20 年间，她为日本社会培养了众多人才。她的学生中有绪方贞子、渡边和子、须贺敦子、曾野绫子等优秀门生。她们都是不仅能发挥自己的才能，还会时常思考如何用自己的才能为社会做出贡献的人。

我很早以前便被修女布里特的人生所吸引。因为从她的学生那里我时常听到："这时候如果是修女布里特会怎么说呢？"现在仍活在学生心中的修女布里特究竟是一位什么样的人呢？

她个性很强，直勾勾的尖锐的目光让人印象深刻。她会具体指导每个学生，因人施教，教育他们如何发挥自己的才能为社会做出贡献……她是精力充沛的干练型女性。她曾经同麦克阿瑟元帅会面，告诉他日本女子高等教育的重要性并创立了圣心女子大学。为了学校的发展她还亲自负责购置学校用地。

学校购买了曾经是武士聚居地后来成为皇族久迩宫宅邸的大片土地，并接受了部分美国占领军让渡的士兵宿舍。在布置完教室、购置制服之后，布里特便开始了新的大学教育事业。她的教育方针透着美式的华丽和细致。她根据每个学生的性格和家庭背景"因人施教"，她的教育方针中还有现在的学生没法适应的"严格"。

在毕业时，全体毕业生会身着黑色的长袍、戴着帽子参加毕业典礼。在毕业典礼前的一周被称为毕业周，低一年级的学生要举办校园活动，除了演剧之外低一年级的学生还要预测每一位毕业生的未来，并向他们赠送"预言"。毕业生则要给三年级的师妹回赠被称为"遗言"的留言。毕业生还要为三年级学生举行象征传承学校传统的华丽的火炬交接仪式。最后的压轴大戏被称为"小夜曲"（serenades）之夜。当天学生会邀请自己的父亲和兄长参加晚会。二年级学生也要一同为每一位毕业生创作一首歌曲并现场演唱。在结束漫长的活动之后，毕业生及其家人会一起参加修女们亲手准备的简单又正式的晚宴。修女布里特要求全体毕业生必须身着正装出席晚宴，不能准备正装的学生可以悄悄寻求同学的帮助或者告诉修女让她们去筹措和服。在战败之后生活艰难的日子里，能着装得体并通达礼仪被认为是女性在社会生活中所必须具备的修养。

据说在活动中与皇后同学年的大部分学生都穿着被称为"振袖"的长袖和服，但皇后与另一些学生却不穿长袖和服，而是穿着浅蓝色的做客用的和服。

曾经担任圣心女子大学系主任、现任该大学名誉教授的青木怜子回忆道："修女布里特的伟大之处在于尊重日本的传统和文化。"此外，她"不时会介绍外国的消息，告诉学生地球正在变得越来越小，但对学生提出的不成熟的留学计划，反而会受到她的反对"。[①]

皇后在日后公开场合几乎从未提到母校的往事，关于修女布里特也是如此。但是在母校圣心女子大学创立50周年纪念活动时，以及在三光町圣心举办的圣心女子学院创立100周年纪念活动上留下了皇后发言的记录，致辞中她表达了对母校言犹未尽的感激。

从《脚步》这本皇后演讲集收录的演讲里，我读出了皇后对于母校的爱。而其中横跨战前、战后两个时代，以不变的

---

① 『産経新聞』1998年10月5日付より。

诚意对待日本女子教育，无论中等、高等科还是大学，给圣心女子大学相关的整体教育留下巨大影响的修女布里特的形象也跃然纸上。

> 通过四年的大学生活，和修女们一道……我们每一位学生都多多少少懂得了真理和爱并努力求之。是她们让我们明白什么是人的自由，教育我们发挥自己的才能，在集体生活中也为他人的自由着想。在每件事情上她们都用心地教导我们。为了我们的终身学习，她们向我们传授学习的方法，培养我们对学习的热爱和独立思考的判断能力，给予我们各种各样的帮助。

> ……在学期间，修女们给我们创造许多互相竞争的机会，鼓励同学之间相互切磋，并让学生们和她们一起工作，重视团队合作的训练。她们还教会我们各自分担责任，我现在还记得在完成一件事之后的成就感。直到现在我还会和朋友提及当时的喜悦。

此外，皇后还提及中学时修女们宽松的衣服和百宝箱一般可以变出小刀和剪刀的故事，"不光是因为这些不可思议的衣服，而且修女们对我们学生而言也是特别的人物。对那些尚不成熟且轻易议论他人的少女而言，她们身为老师总是在冥想和祈祷之中言传身教。我隐约觉得对她们而言，教职是工作，甚至职业之上可以被称为使命的东西"。

虽然还是有关皇后的母校圣心女子大学，但让我们稍微转移一下话题。一位过去在圣心女子大学任教四年体育课的女教授在电视上谈道，皇后在校期间还得到了全校职员的爱戴，包括居住在大学里做杂务的女工以及开车和做体力活的数名园丁——这些工作人员被修女和学生们亲切地称为"男人"（men）。在先前的两个演讲中，皇后也谈到作为非圣心会老师（当时被称为"mother"）的其他修女，还有为老师和学生日常生活提供服务，从事清扫、烹饪等工作的姐妹们。（现在已经把所有修女都称为"姐妹"了）

我认为这是理解皇后及皇后的母校和该校毕业生的一个关键，在此做一下说明：

……除了从事学生教育工作的修女之外，那时在圣心专门从事劳动的姐妹今天也专门出席。虽然我不知道她们的名字，但她们在祈祷的同时还从事劳动，在劳动之余祈祷的样子至今仍在我眼前浮现。毕业之后，在家庭生活和社会上工作时我也常常忆起她们的身影，她们让我想起在劳动背后应有的东西。

……（她们）认真工作的身影深深地印在我少女时代的记忆里，完成学业之后在家庭、社会从事各种工作的每一位毕业生，都能从中有所收获并得到激励。

我不由得感到，现在和天皇一同为了国家和国民祈福，并用真心履行职责的皇后的内心深处或许便是那些修女努力工作的身影。

在毕业生当中流传的"修女布里特语录"至今仍能打动生活在现代的我们的心灵。

"无论你们身在何处，请成为全场最耀眼的女性"，"intellectual（有才智的）和 intelligent（聪明的）是不同的。请你们要成为明辨是非的 intelligent woman（聪明的女人）"，"只做一件事情，能做成是理所当然的。可人有时候会处于必须同时做好几件事的情况"，"自己能做的事而不去做便是一种罪过"。

那么，修女布里特对正田美智子又有什么样的期待呢？美智子拥有无法用言语形容的通情达理的人格魅力。但培养了诸多人才的修女布里特也对来自皇室的提亲感到惊讶，我想美智子自己也会有同样感触吧。如果可能，我真希望和布里特直接对话。但十分遗憾，她在辞去校长一职之后，于 1967 年就与世长辞了，享年 69 岁。

在静冈县裾野市的不二圣心女子学院，占有 660 万平方米的广阔土地。现在的东名高速公路横穿该地，这是实业家岩下清周开发的不二农园的旧址。岩下家的长子岩下壮一，在东京帝国大学哲学科毕业之后前往巴黎留学，他是一位前程似锦的学者，却出人意料地选择成为一名天主教司祭。回国后岩下壮一神父接收麻风病患者的家庭成员，为他们提供教育。他在自己家的土地上改建学校，这便是不二圣心女子学院的前身温情舍小学的由来。在御殿场从明治年间起便有法国神父建立的麻风病医院神山复生医院，岩下便是该医院的第六任院长。

原圣心女子学院现在成了寄宿制初、高中学校，校园的一角有一片墓地，墓地背后的森林让人觉得它在镇守着深山。圣心会的日本籍修女以及不能回到母国长眠于日本的外国修女，包括布里特修女在内均长眠于此。给我当导游的是当时圣心裾野修道院的院长山崎浑子和不二圣心女子学院中学和高中的校长山本滉先生，此外还有不久前在非洲的肯尼亚和卢旺达从事慈善活动的修女寺田和子。埋葬在墓地的外国修女中，还有来自中国上海的。在那个年代这些来自世界各地的修女肩负的使命和复杂的国际局势紧密结合在一起。在进入墓园后，修女布里特的存在感尤为突出。

在布里特去世时，皇后为她作了一首和歌：

悲痛心无寄

忆往昔

暖心润腑话休戚

在校舍边上便是富士山山脚下坡地上的茶园，因为朝西，日照时间很长，据说种出来的茶叶味道特别醇厚。"要去天国的路很长，请好好休息。一直以来你都不曾想过休息这事。"对于布里特而言每一天都是分秒不停地为学生奔忙，她的一生除了祈祷便是工作。

之所以我说修女布里特的存在感特别强，是因为我某天夜里悄悄访问了圣心校园……

2003 年 12 月 21 日，在东京广尾的圣心女子大学玛丽亚大厅举办的声乐俱乐部第 54 次圣诞音乐会上，毕业生、在校生以及相关人士约 500 人到场。有幸我也收到了音乐会的邀请。音乐会上表演了文艺复兴时代的宗教曲目，还有亨德尔的清唱剧《弥赛亚》，在休息之后，还上演了门德尔松的二重唱，以及当晚的主题圣诞歌曲。

身为毕业生的皇后也出席了音乐会。在 19 点 05 分，会场响起了休息结束的钟声，在肃静的会场中皇后缓步进场，观众席上缓缓响起了掌声，在过道边上的人们都纷纷起立，鞠躬迎接皇后。皇后身着黑色的连衣裙。"太棒了！"不禁有观众感叹道。

女学生们优美的歌声响彻全场，当全体成员合唱《圣诞之夜》时，整个会场在歌声中似乎浑然一体。我觉得放声高歌真的感觉太好了！俱乐部的代表在致辞中讲道："大家相信歌曲有一种把所有人联合在一起的力量，一起来唱吧！"皇后听后也扑哧一声笑了。皇后在学生时代除了网球俱乐部之外，还是声乐俱乐部的成员。

圣诞音乐会结束后，皇后在比入场时更热烈的鼓掌声中离场。这么说来，圣心女子大学自治会的会场也是在这个玛丽亚大厅。对皇后而言，这里真是充满回忆的地方，想必玛丽亚大厅是她心灵的故乡之一吧。

离开场地时，我在玛丽亚大厅旁的教学楼下楼梯时，邀请我参加音乐会的朋友和我说："这里曾经是修女布里特的房间。"

在楼梯旁有一个小屋的门上写着118号。曾经不分昼夜，在这个小屋前想和布里特谈心的寄宿生排成长龙等待向她咨询。对学生而言，布里特就是一切。当天夜里我感觉好像只要我上前去敲门，便会听到布里特在里面回应道："Come in!"在和布里特有过直接接触的人的心中，她的教诲仍生生不息。在皇后心中也是如此吧……

5

门生和皇后修女布里特的

1948 年 4 月 26 日上午 10 点，作为新的国际女子大学的首批 62 名学生在广尾的山丘上迎来了入学典礼。这时修女布里特身为校长，向学生宣讲了圣心女子大学的教育方针，她希望在新的自由主义的旗帜下，今后大家要成长为这个国家未来的基石，让自己成为一名独立的女性。

学生、家长、教师等众多嘉宾一道参加了 5 月 9 日举办的正式开学仪式。这所全新的女子大学的校园建在久迩宫家的旧址上，因此，三笠宫殿下和高松宫王妃喜久子殿下等皇族和 1947 年之后从首相位置下来的久迩宫殿下、东伏见宫殿下，以及韩国的李王妃殿下也出席了开学仪式。

后来成为国际政治学者并担任联合国难民署高级专员的绪方贞子正是圣心女子大学的第一批毕业生。

"我上大学时校风极为自由。学校的方针是只要你想，做什么都可以，并且还能得到其他人的声援。我觉得学校对我们的期待是，让我们成为自由思考的女性，并在今后各自的领域里作为人才发挥领导才能。"

"恐怕不只是大学，社会对我们的期盼也是如此。我觉得当时日本人心中都有创造一个'新日本'这样的斗志，年轻人过得也很自由。"①

绪方（原姓中村）也曾经是大学自治会的主席，她在学校里充分发挥了自己的领导才能。那时不仅是授课，在自治会中大家也用英语交流。

"同年级的同学毕业之后各奔前程。因为我们是天主教教会学校，也有人成为修女。不过最多的还是选择担任教职，我也是如此。"②

修女布里特给绪方的毕业赠言是："女性结婚之后会经历很多，请趁现在学习自己喜欢的东西吧。"

在首届毕业生的毕业典礼上，来宾中有首相吉田茂、最高法院法官田中耕太郎等。他们发表了致辞。绪方作为毕业生

① 梯久美子『昭和二〇年夏、女たちの戦争』「緒方貞子」より。

② 梯久美子『昭和二〇年夏、女たちの戦争』「緒方貞子」より。

代表用英语致辞，渡边和子则用日语也发表了致辞。渡边和子毕业之后在 36 岁时成为冈山圣母圣心大学（Notre Dame Seishin University）年轻的校长，她还是超级畅销书《绽放在当下》的作者。她的父亲在"二二六事件"中被青年军官杀害，此后她经历了波折的人生。她是皇后双叶、圣心两个母校的学长。虽然她现在定居远方，但无论是在冈山还是在东京，她们俩仍低调地保持着交往。和子在祈祷中会用锐利的眼神看着对方，想必也用同样的视线关注着皇后吧。

绪方贞子被称为"小巨人"，她拥有出色的行动力和决断力，是一位受全世界尊敬的日本女性。绪方从 1991 年起的 10 年间担任联合国难民署（United Nations High Commissioner for Refugees，UNHCR）高级专员。为了救济"战争中造成的弱者"——难民，她有时不得不身着防弹衣奔走于世界各地。她信奉现场至上的原则，并倾听众多难民的声音。在听取他们的声音之后，她还会和政治领导人直接对话。为了挽救每一条生命，她会不拘泥于先例而现场决断。

有一段绪方在难民营中抱一位女孩的视频。其中，女孩的母亲对绪方贞子饱含敬意，因此为在难民营中出生的女孩取名"sadako"①。来自日本的记者问女孩："你叫什么名字？"

---

① 贞子。——译者注

女孩骄傲地笑着回答道："Sadako Ogata"①。

绪方贞子和皇后同为圣心女子大学的学生，并在皇后婚后就国际情势不时为她做讲解，她们保持着长久的交往。在夏天的轻井泽，天皇夫妇也会和绪方夫妇一同打网球。

1993年皇后不幸病倒甚至一度失语。那时面对不合情理之处，有些人站出来并发起了为迎接花甲大寿的皇后编辑一本相册的动议，他们希望记录下皇后的身影。《皇后陛下美智子》这本相册由PHP研究所出版。相册的封面配有堀文子的白桦树的版画，版画的原作是皇后从昭和②年间开始使用的藏书票上的图案。相册中大部分内容是皇后的照片与她创作的和歌，还配以简短的说明文字，给人很清新的感觉。在相册的结尾有祝福语，由辻邦生和三善晃等6人执笔，其中一位便是绪方贞子。她写道，曾经在那个美好年代的轻井泽网球场上，一个劲地追着球跑的"美智"的身影。绪方和皇后就读的年代虽然不同，在大学时也没有交集，但是在轻井泽的网球场上她们确实再现了学姐和学妹的关系。我曾经听说过这样令人忍俊不禁的故事：皇后因为忙于打网球，没能完成在暑假给校长（修女布里特）写信的约定，到了暑假快结束时

---

① 绪方贞子。——译者注

② 昭和为日本第124代天皇裕仁在位期间（1926~1989）使用的年号。——译者注

才仓促下笔，听说那时在网球场的长椅上，绪方学姐为她检查英文是否有错。绪方曾对其他学妹带着温情地说道："她（美智子）在球场上是从不放弃的人。在需要极强耐力的网球运动上，球场内迅捷的少女皇后的样子现在还浮现在我眼前。"绪方在每次回国时都会被天皇夫妇邀请，表示向她学习并给予鼓励。在退休后，绪方担任JICA（日本国际协力机构）的理事长，她作为青年海外协力队以及志愿者、海外日本人社会资深志愿者的代表，每年都会造访皇宫。

绪方说："天皇夫妇一直以来都对国内和世界的局势十分关注，而且关心从事重要工作的人，并鼓励他们，这让他们备受鼓舞。"身为都受到过修女布里特教诲的大学首期毕业生和第七届毕业生，她们同样肩负着重任。在50多年的时光中，她们结成了令人羡慕的学姐与学妹间的友谊。

作家曾野绫子也是皇后的另一位校友。皇后在曾野绫子大四时入学，当时的曾野身为作家已经得到了社会的认可，皇后和其他同级学生一样，认为她是高高在上的人物，对她抱有敬意，憧憬并仰慕着她。曾野不仅因《远方来客》等众多优秀作品而闻名，还积极从事国际交流。身为日本国内的作家，也热情投身其他许多领域的事业。两个人之间交往的细节我无从知晓，但从她的丈夫三浦朱门和皇后都是日本艺术院的会员这点来看，现在她们之间应该比在校期间有更多接触的机会吧。纪宫（现在的黑田清子）的结婚纪念相册中有曾野的一篇文章，我在此想引用一下。

　　皇后在生日的记者会中谈及对纪宫的回忆。说年幼的纪宫在她失落的时候会和她说"don't mind"（别介意）并安慰她，因此天皇把纪宫称为"我家的don't mind小姐"。这表示天皇夫妇为纪宫的资质感到骄傲，而这并非对自己孩子的娇宠。

　　在现实当中，皇后和纪宫都有着女性特有的那种坚忍不拔的意志，同时又都具有聪明、温柔，互相支持的一面。或许有时会感到悲伤和困惑，但是又有通过旁人无法得知的共鸣和关心，两人静静地穿过迷雾，走向光明。而这些历练对她们而言不无意义……

曾野不耽溺于同窗之谊，以严格的目光守护着学妹，但是她在文中展现了只有同学才有的洞察力，让我深有同感，也为此感到幸福。

为了进一步了解修女布里特，2013年4月5日，我登上樱之坂道，造访东京广尾圣心会第一修道院的修女岛本操。她是圣心女子大学第六届毕业生，岛本的生父是海军航空队成员，在1938年7月因事故去世。因此她是靠奖学金才能进入圣心女子大学就读的。但奖学金只免除了学费，在校寄宿期间的费用还需靠自己打工来解决。比如为宿舍看门，为寄宿学生代接家中或恋人打来的电话等。对每一位学生因材施教，像大家的母亲一般的修女布里特，在修女岛本宣誓终身修道并从海外归来时，特意跑到羽田机场去迎接她，并在归途和她一同造访了六本木的教会。"地板上虽然都是泥，但她还是为我下跪祈祷……说到修女布里特，她既会让人感触落泪，也会让你笑逐颜开，总是忙忙碌碌的……"说到此，岛本潸然泪下，沉浸在回忆之中。"（布里特）修女秉持大学应该向全球普罗大众开放的理念"，因此，在美国于广岛投下原子弹时担任护士的岛本，在入学时虽已 40 岁，但仍被接纳为一名大学新生。

已故的圣心女子大学首届毕业生须贺敦子，之后留学法国、意大利，成为作家，留下的作品无数。她在《小茂的升天》这篇散文中提到了恩师修女布里特。

还有一年大家就要从职业学校毕业了，在学生当中流传着好像成立了一所女子大学的传闻。听说在战前从事海外归国同胞子女教育以及在日本居住的外国人教育的美国修女，为了创立一所新大学专程从美国回到日本，因此，我还想继续学习。学校严格依据欧洲寄宿学校的传统，原本在学校的走廊、洗漱台上都不安装镜子。但校长说这样对年轻女孩的成长不利，才加装了镜子。校园曾毁于空袭，重建了有大窗户和明亮自习室的校舍。这个修女的名字在学生当中宛如神话一般。我们好像正等着别人赠送大把的玫瑰花束一样，焦急地等待着这位修女归国。①

在皇后成婚的 1959 年，在罗马留学的须贺 4 月 22 日写给母亲的信中写道：

> 如果方便的话，能否送我一本皇太子结婚的画册呢？请告诉我在帝国饭店下榻的人们事先预定好场地排队观看婚礼的样子。我在上周 16 日，参加了在梵蒂冈大使馆举办的招待会，庆祝天长节（日本四大节日之一，又名千秋节）和皇太子成婚……前一晚开始我们便住在那里。我们准备了寿司，还帮他们插花。当天还接待了梵蒂冈的高官们，有十多位红衣主教和两百多位宾客光临，我们真是忙得不可开交。②

可见她在意大利留学期间对同窗美智子的婚礼抱有的

---

① 『遠い朝の本たち』より。
② 神谷光信『須賀敦子と 9 人のレリギオ』より。

兴趣。顺便要提到的是，神谷光信在其著述中主要谈及须贺、犬养道子、作家小川国夫、科学史学家村上阳一郎、岩下壮一神父等社会上杰出的 9 名天主教信仰者。但对于未受洗并非天主教信仰者的美智子，作者认为她的和歌极具深刻的精神内涵，反映了她宗教性的人格，因而也将她列为信仰者。

从意大利回国之后，须贺在上智大学任教，在过了花甲之后才作为散文家正式进入文坛。"随笔"在法语 essai 中有"尝试"的意思，拉丁文的原意是"测量重量"。须贺的自传体随笔作品之所以感动了诸多读者，正是因为那是记载了她人生旅程中所遇的真人真事。她一边掂量着所遇的分量，一边把它们形成了文字。"想在已建好的寺院里就任管理者或是靠出租席位收费的人，他这么想的那个瞬间便已经是失败者了"，"人是有着千丝万缕的纽带相关联的集合体。对人而言这些相互的关联是尤为重要的"。"你在寻找人生的意义，人生的意义本身就在于成为你自己的过程之中……"须贺借先圣提库鸠佩里的话比喻性地描绘了人生。[①]

须贺最后作品的题目是《宗教与文学》。在年轻时，须贺把自己比喻为橡子，出版了《橡子的呓语》这本小册子，她在

---

① 『遠い朝の本たち』より。

小册子中深刻地思考了自己的信仰，并准备以《宗教与文学》为题写成一部小说。

皇后是和须贺相差 5 岁的同学。遗憾的是，都擅长文学的两人并未能有过直接的对话。1998 年在皇后进行有关自己童年读书回忆的演讲时，69 岁的须贺敦子与世长辞了。

我也是被须贺敦子作品感动的读者之一。不过，虽然多次对修女布里特的弟子做了采访，但不知不觉中总带有一些遗憾。比如这次就不由自主地想到，要是美智子能和须贺见上一面，那会多么美好啊！两人一定会在一起回忆修女布里特，谈论起许多的话题吧……

总之，我感觉在今后的种种相遇之中，我还能窥见修女布里特留下的许多足迹。仅此，她就已经称得上是一位了不起的人物。

6

从犹疑彷徨到
毅然决然

2003 年底，天皇在他 70 周岁生日的记者会上说道："对我来说，与皇后的婚姻为我带来极大的喜悦。无论何时我的立场和工作对皇后来说都很重要，她对我温馨的支持让我宽心，对此我深怀谢意。"对于身为妻子的皇后而言，出自天皇这 40 多年相濡以沫的丈夫的感谢言辞胜过一切的褒奖。

1999 年春天，日本电视台制作了题为《成婚 40 年——皇后美智子陛下的真实生活》的节目，节目时长两小时，记录了从天皇夫妇的相遇，到他们成婚以及婚后生活的故事。为制作此片，节目组不仅在日本国内寻访，还远涉比利时、法国、意大利等国家做了深入采访。

故事的开始是在轻井泽。轻井泽自古以来便是孕育独特地方文化的别墅区。虽然皇家在当地没有房产，但轻井泽确是和皇家关系密切的避暑胜地。正田家在此地也有别墅，轻井泽是战争中美智子的疏散地之一。

1957 年 8 月 18 日和 19 日，在旧轻井泽的网球场上举办了国际亲善网球比赛。根据比赛时间表，第 13 位出场的是皇太子明仁，第 20 位出场的是正田美智子小姐。他们和自己的搭档在比赛中不断获胜，终于在四分之一决赛中成为对手，结果美智子和她的搭档获胜。赛后退场的皇太子说："如此有耐力和韧劲的回球，我们真的不是你们的对手啊……"

此后皇太子多次邂逅美智子，皇太子心中怎么都忘不了正田美智子。在当年年末举办的宫内厅图片展中，皇太子提交的作品是《网球场上的美智子》，但皇太子身边的人似乎都没有体察到他的心情。

第二年春天，皇太子加入了东京草地网球俱乐部，通过球友多次邀请美智子来打网球，美智子也不时前来参加，有事不能前往时会郑重地致歉。他们在轻井泽又度过了一个夏天。夏天过后宫内厅正式向正田家提亲，但是美智子的父母诚惶诚恐，与皇室结缘让他们深感困惑，便固辞了这门亲事。他们希望女儿像普通人一样平凡度过一生。

圣心女子大学的校长修女布里特也了解到正田家的烦恼。

美智子在当年年初已被选为日本代表参加全世界圣心女子大学毕业生大会。大会的举办地是比利时布鲁塞尔。

作为旅居海外毕业生参会的学妹荒井（旧姓秋山）淑子回忆说：

> 各国代表都会谈及自己国家的事情，皇后用流畅的英语报告了日本的情况。当时因为我住在法国，不知道她要嫁入皇室的事情。那是我时隔 1 年见到美智子，我感觉她真是瘦了不少。

在会议结束之后两人造访了圣心杰特学校，并被修女邀请至教堂。

> 这是一座和圣心会的创始人圣玛德琳·索菲亚·巴拉有渊源的教堂。在修女引导下，我们进入教堂后边的亭园散步。修女们总是一边祷告一边走路。我记得美智子也默默地走着。似乎她在沉思着什么，当时，我感觉自己不应该在这种时候和她搭话。

在完成日本学生代表的大任之后，美智子在布鲁塞尔附近的安特里克城的德·马尔家住了 5 天。皇后住在能观赏到湖泊、森林等美丽的自然景观的房间里。在独自面对自己的这几天里，美智子是以什么样的心情度过的呢？据美智子访问安特里克期间和她同住的德·马尔的侄女香塔尔回忆："我记得她每天一直到深夜都在写寄往日本的信。"

美智子应该是在给修女布里特写会议报告书，或是在给父母写信吧。

《皇太子同皇太子妃殿下成婚二十周年纪念相册》中有原东宫侍从长黑木从达的一篇文章，文中透露了当时的情形：

>……太子妃殿下通过小泉信三了解了皇室意向，并表达了对殿下的敬畏之情。但她面对过于重大的托付十分苦恼，她没有回复是否同意婚事便前往布鲁塞尔参加圣心女子大学毕业生大会了。她在旅行目的地寄给父母的信也转交给小泉过目，信中道出一位年轻女子深思熟虑得出的结论。她认真、清楚地写道，认为自己不堪此等重任，但她敬爱殿下。这是只有和殿下诚实交往过的人才能写出的充满诚意的文字。对于与殿下不门当户对的自己，她深深地感到愧意并对殿下致歉。

在比利时期间，美智子还和学妹荒井一起接受了新婚3个月的米修雷夫妇的晚餐邀请。在和睦气氛中晚餐结束了，在回住处的路上，美智子对新婚的两人说："我也必须马上做出人生中重要的抉择了，为了不犯错，请为我祈祷吧。"

米修雷夫妇一直保存着写有"请叫我美智"的名片和赠送给他们的小饰品，并将此作为护身符珍藏了40多年。

1958年10月26日，美智子结束了50多天的单人旅程回国。当天虽然下雨，但她的表情还是显现出了似乎决心已定的清爽的神情。

在等待美智子回国期间，媒体对她进行了大张旗鼓的报道。正田家被记者们围得水泄不通。其间，面对美智子婉拒求婚抱有不安等问题，皇太子似乎都坦诚地一一做了回答。为了博得美智子的首肯，皇太子通过电话在一个多月的时间里坚持不懈地劝说她。此时，美智子曾问自己的密友："为什么会有如此坚定不移的爱呢？"

从轻井泽的邂逅开始，时间已经过去了一年零三个月。1958年11月27日，双方终于公布了婚约。清纯的美智子和总爱低着头、很低调的母亲富美子一起出席记者会的场面令人印象深刻。

一场日本的世纪婚礼揭开了序幕。

乳白色的晚礼服

日本首次开播电视至今已经过去 60 多年了。从有电视节目开始，家家户户在客厅都能看到各种重大新闻的播放。

为了能在家中观看皇太子和美智子的世纪婚礼，1959年电视机的销量暴增。两人的成婚预示着日本从战后的混乱中重新崛起并完成复兴，4 月 10 日的婚礼成为人们新的希望的象征。

皇太子夫妇向天皇夫妇（昭和天皇、香淳皇后）报告结婚之事并结束朝觐仪式之后，这对新婚夫妇缓缓走下石阶，皇太子和美智子走向人群。两人乘坐马车前行。53 万市民沿街驻足庆贺并送去祝福……

当时的场景令全体国民瞩目，人们似乎被钉在了电视机前一般凝神观看。之后，我无数次地回放了当时的情景片段。美智子红润的面颊和沉稳的表情在电视里真是熠熠生辉。

那天她穿的是乳白色的闪闪发亮的也叫作晚礼服的连衣裙，是日本女性皇族的正装。根据高松宫妃向宫内厅的提议，礼服的设计方案是由已故设计师克里斯汀·迪奥（Christian Dior）的年轻继承人伊芙·圣·罗兰（Yves Saint Laurent）选定的。圣·罗兰运用从迪奥那里继承的杰出技艺，融日本和服的优雅和西方服饰的高贵于一体，完成了这件东西合璧的盛装。因为礼服是由外国厂商定制，此举并不受保守的宫内厅的欢迎。因此皇族的御用品牌变成了迪奥或巴尔曼，首次访问英国的香淳皇后以及高松宫妃的定制服装都是巴尔曼品牌，反而是皇后美智子在此之后再也没有向外国的高级服装店订做过服饰。因此美智子晚礼服的定制到底是昭和天皇和当时的皇太子的主意还是她自己的想法，我们不得而知。

这件晚礼服的面料出自京都西阵的老店"龙村"。它的品牌为"明晖瑞鸟锦"，非常适合皇室庆典用的服饰，闪着金光的面料不易褪色。和这件礼服质地一样的面料如今还在"龙村"内的大金库里珍藏着。虽然过了半个多世纪，面料多少有些褪色，但是纺布的金线依然光芒四射。对于首位从民间嫁入皇室的妃子来说，究竟应该用什么样的服饰图案呢？"龙村"向宫内厅提交了 4 张草图，有孔雀的羽毛、清秀的铃兰、可爱的百合花以及模仿凤凰和龙的图案。当时在织布工厂周围挂满了注连绳 ①，织工的工作紧张忙碌。当时从事纺织工作、和皇太子同年出生的岩间利夫回忆道：

> 那时我能从事这样的工作让我感到很紧张。我自己想要得勋章……除了紧张之外还感到喜悦。不过我总感觉这次的工作不同寻常，是预兆着什么新的事情就要开始了。

因为美智子选用了凤凰和龙的图案，此后"龙村"便将该图案作为她的专属图案，封存不用。（当然还有后话，待在章末叙述）美智子礼服的图案蕴含着将远隔重洋的巴黎和京都连接在一起的寓意。

在结婚当天，沿街祝福皇太子夫妇的人中有作家幸田文。幸田是皇太子大婚特别节目的评论嘉宾，他在路边的转播间观看了婚礼游行。幸田将那天的感想记录在了题为《行列》的随笔中。

> ……皇太子面带喜悦地向我们走来，朝我们招手。……太子妃殿下，略带羞涩地微笑着，她的心情从她拘谨的神态

---

① 一种用稻草拧成的绳子，是神道中象征洁净的祭祀物。——译者注

就可以看得出来。哒哒的马蹄声在寂静之中显得如此清脆，人群里响起了阵阵的欢呼声。……我祝他们幸福。街边的人群终于散了，好像电车道上撒的沙子开始被收拢起来一般。回过神来，还留在现场的电视台工作人员七嘴八舌，有的叫美智子，有的叫太子妃殿下，有的则叫正田，大概他们都没有多想便说出口了。我觉得还是劝大家叫美智子为好，这样才与给人亲切感的太子妃殿下匹配。还是叫美智子最合适。①

婚礼游行通过电视在日本全国转播。当马车经过正田家时，母亲富美子含着胸好像在流泪，父亲英三郎远远地望着女儿。

幸田文在随笔中接着写道：

……和生父生母道别时美智子真情流露的样子被相机拍摄下来，当看完游行回到家时，我回想整个过程感觉还是这个场景最让我感动。对美智子而言，那时要经历很多感情上的煎熬……和双亲告别想必很痛苦吧。但是从今天开始你来到了你的丈夫身边，希望你们的幸福源远流长。

那么，在克服这些感情煎熬之前，美智子是怎样下决心

---

① 『幸田文全集』第一一卷より。

接受殿下的呢？

在皇太子战时被疏散到日光之后一直侍奉在他身边的侍从黑木从达（后任东宫侍从长）在前述的《皇太子同皇太子妃殿下成婚二十周年纪念相册》中详细记录了美智子日后对此的回忆。

"多次长时间的通话中，殿下从来没对自己皇太子的立场抱怨过什么。而且他清楚地谈道，无论何时，自己身为皇太子的责任是最优先的，私事是其次的。"

"无疑是皇太子的坚毅让美智子最后动了心。皇太子真是值得尊敬的人，对皇太子充满畏惧的美智子的内心想必也燃起了坚实的、根植于信赖的爱情火花。"身为皇太子的义务高于一切，正是殿下这毅然决然的姿态，让一开始对婚事持否定态度的美智子改变想法，答应了他的求婚。

东宫侍从长黑木从达是西乡隆盛弟弟西乡从道的孙子，作为养子继承了黑木家的姓氏。小泉信三常说，东宫侍从在受命担任皇室侍从以前是海军军人，身材很高大，身着制服的样子英姿勃发。他显得既羞涩又有些冷酷，但皇太子殿下和美智子都很信任他。对皇室的事情尽量避免动笔评论且寡言少语的侍从在皇太子夫妇成婚 20 周年之际记录下了迄今为止唯一的一段宝贵文字，即美智子在出嫁前写下的一首和歌：

平成皇后美智子

　　　人生路迢迢

　　　君相候

　　　婵娟与共在明朝

　　"全身心"是有关"生命"的美丽的枕词①。据说在赠纪念相册的仪式上皇太子殿下送上了和歌《今天这一天都在期待明日的到来》，作为对美智子的回忆。

　　父亲正田英三郎对即将出嫁的女儿只说了一句话："请遵从陛下和殿下的心意生活……"

　　1959 年，身着乳白色晚礼服出嫁的美智子的"非凡之缘"就这样启程了。

　　龙村认为美智子礼服的图案是她的专属，但 20 多年之后，在秋筱宫以及接下来的浩宫②订婚时，美智子为了新的两位妃子定制的婚纱向龙村提出使用和自己的礼服完全相同的图案。弟弟秋筱宫的新娘纪子的婚纱由金色改成银色，哥哥浩宫的新娘雅子的则仍用金色，只是与雅子的相比，美智子婚纱的金色光泽较少些。

---

① 在和歌中放在特定词语前调整语调，表达情感的词语。——译者注
② 当时的皇太子德仁。——译者注

8

出嫁前的日子

　　从结婚前的 1959 年 1 月 13 日起的 11 周里，美智子在千代田区三番町的宫内厅分室接受了"妃子教育"。

　　教育从宫中独特的习俗和仪式开始，美智子必须牢记宫中祭祀礼仪之规，掌握和歌、英语、法语和书法，了解日本的历史和宪法等皇族的基本知识。总共有 15 名老师为她授课。在不到 3 个月的时间里，美智子努力、认真地学习了相关内容。虽然是时间极为有限的接触，但在此期间老师和学生之间建立起彼此信任的关系。在美智子嫁入皇室后，她希望尽可能延长授课，有几名老师答应她的请求，在此后一直支持着她。

　　作为皇太子的老师并为选妃斡旋的小泉信三对记者说道：

平成皇后美智子

　　　我曾讲过，仁慈是皇室的传统精神。皇室不参与政治，政治即便搞得再好也难免会有人沦为不幸。对于穷人和孤独的人而言，皇室必须是他们最先的同情者，皇室历代继承了这种精神。我希望他们在心中牢记此话。

　　在宫中除了和歌，最重要的就数书法教育了，书法教育由书法家藤冈保子担任。她主要教的是书写和歌的诗笺或是签字方纸卡上的细字。让人惊讶的是，藤冈并不是宫内厅挑选的老师，而是美智子从学生时代便开始保持私交的老师。在选择老师时，宫内厅曾问过美智子以前是否学过书法，当时她提及了藤冈的名字。虽然藤冈的学生不多，但是宫内厅确认过她的水准之后便聘她担任"皇后教育"老师。美智子在那时已经师从藤冈学完了假名、变体假名的字帖，并临摹几本《奥州小道》的字帖，不过还没学过在诗笺上写细字，因此藤冈便指导她临摹关户本和高野切 ① 等的字帖。藤冈感激地回忆道："她的字透露出了她的天资与勤奋，完全超出初学者的程度。正所谓'字如其人'，具备了真善美的内在感。她很认真地完成我布置的作业。在课程结束之后还专门送我到走廊上，向我鞠躬，那时她鞠躬 90 度表达真诚的谢意，让我感动得快

————————————————

　　① 都是学习日语假名书法时使用的字帖。——译者注

54

哭了出来。"

教美智子宫中礼仪的是松平信子,她说:"美智子很聪明,很快便掌握了。想必她早做好了思想准备……请她多多保重身体。"并说道:"从今往后会很辛苦。"最后这句其实就是暗示美智子成为皇太子妃之后"会很辛苦"。

在婚礼前一天的 4 月 9 日,在池田山的正田家中,美智子和亲人们共进晚餐。倾注 24 年心血培养的宝贝女儿即将嫁入深宫,美智子体察到父母此时的不舍心情,于是在当晚表现得十分开朗。在晚餐后她对三位佣人说,"一直以来得到了很多关照,真是谢谢你们了",并把自己佩戴的胸针和耳环送给了她们。到次日上午 9 点以前她还能继续留在自己的房间里……此时外面还在下着雨,凉气袭人。她将静静度过自己身为正田美智子的最后一个夜晚。

美智子是带着何种心情度过在正田家的最后一夜的呢?她即将离开双亲和三位兄弟姐妹……父亲英三郎当时 55 岁,母亲富美子 49 岁。哥哥正田严比美智子大 3 岁,时年 28 岁,1931 年出生于柏林。他从大和乡的幼儿园到高等师范(现筑波大学)附属小学,接着先后就读武藏高中、东京大学。毕业后进入日本银行,在地方支店工作时他患了肺结核,在清濑疗养所做了肺叶切除手术,疗养后回到工作岗位。在他住院期间美智子还是大学生,她经常去清濑疗养所探望哥哥。妹妹惠美子也在圣心女子大学就读，弟弟当时还是高等师范附属高中的学生。

正田虽然身为实业家却有着学者风度，在美智子结婚时许多人都这么说。作为 10 个兄弟姐妹中排行老三的英三郎原本希望成为学者，在长兄夭折后，二哥健次郎选择当数学家。为了继承父亲的公司，英三郎只能放弃当一名学者的夙愿。英三郎的弟弟顺四郎在战争即将结束的 1945 年 5 月在东京大空袭中身亡，最小的弟弟笃五郎成为地质学家，他的妹妹中有一人嫁给了物理学家水岛三一。他们家族中确实有不少学者，其中正田健次郎和水岛三一两位在美智子嫁入皇室后还获得过文化勋章。此外，英三郎的另一位妹妹嫁给了胁村礼次郎的哥哥、经济学家胁村义太郎，他在昭和、平成年间担任日本学士院院长。虽然不是直系亲属，但他身为美智子的亲戚关心着结婚后远离正田家的美智子。天皇夫妇每次去叶山时都会造访义太郎在镰仓的家，并和通晓战前战后欧洲社会、经济以及身为美术爱好者的义太郎交流，聆听他的见解。

虽然母亲富美子的家庭不是像正田家那样的大家族，但富美子也有 3 个弟弟和 2 个妹妹。她的家族是佐贺士族出身，因为父亲工作的关系她在中国上海长大。富美子的父亲副岛纲雄在上海的日租界工作，任江商株式会社上海支店店长、上海商业会议公所副会长等，和妻子彩（音译）携手培育子女们。副岛纲雄十分了解中国的情况，在养育的6名子女长大成人之后，纲雄先于妻子在战局激化前于东京病逝，据说美智子十分喜欢性格潇洒的外公。

在经历上海租界生活回到日本之后的富美子不久便在圣摩尔教会学校双叶学园以优异的成绩毕业，并嫁入正田家。在婚后第二年正田家便决定由英三郎继承家业，不久他们一家为考察欧洲的面粉制造业来到柏林。英三郎夫妇一同乘船前往欧洲，这对于晕船的富美子来说是十分痛苦的旅程，不过也有可能晕船是怀孕前期的症状。她在柏林生下了第一个孩子——长子正田严。当时德国在育儿方面的研究已经十分成熟，富美子在那里学到了先进的育儿方法，她用心地培养了4个孩子。她对于孩子们的教育十分严格，且不允许他们的生活过于奢侈。她的每一个孩子都十分优秀，有趣的是只有美智子稍微有些调皮。虽然美智子在大学毕业时被推为学生代表致谢词，并在全体学生中获得了第二名的好成绩，但在她许多朋友的印象中，在高中毕业前她并不算是特别优秀的学生，总是到处游玩并热爱运动。经常读书，喜欢音乐，但并不算特别喜欢学习，从初中升到高中时的成绩也不是顶尖水平。

正田家里有一个笑话，那就是大器晚成的美智子是兄弟姐妹中唯一一个在小学、初中、高中都从来没有当过年级长或年级委员的孩子，每年在期末考试中也从没考过第一。馆林小学对她的评价是："似乎能成为温柔的护士。"她当时担任卫生委员。在初中、高中期间她一直担任体育委员。富美子日后对朋友说道："丈夫和我在带美智子的时候是最忙的，我们从没看着她写作业。"美智子的兄弟姐妹都很优秀，也正是她在正田家接受的教育才成就了日后的她，因此，父母付出的努力绝非白费。在她进入新的、不习惯的环境时，没有因为把自己和他人比较而失去自我，她会克服困境和挫折，在自己的道路上长期、坚韧地走下去，这成为日后美智子的生活方式。这么想来并不是优等生就是一切，有些慢性子的美智子的性格反而让父母更加喜欢她，父亲英三郎时常从远处温柔地注视着她。她继承了母亲富美子克制的性格和敏锐、纤细的感性思维，并在父亲英三郎开朗温柔的目光中成长，这是我们了解美智子时必须知晓的重要因素。

在成婚之日，早上的《每日新闻》上以《寄语美智子》为题，刊登了正田英三郎的文章，副标题是《保持开朗和勇气　不失年轻和幽默》。

你现在正要迈过人生重要的一关。这样的事无法完全用文字来表述。

你出生以来就一直很健康，平安地成长。我自己一直都在考虑自己工作上的事，在战争期间和战后忙里忙外，很少有空照顾家里。在这样的生活里，和你在饭桌上的对话以及好不容易才有机会一起打的一场网球，一起画的一幅油画，一起在关西、九州等地的家庭旅行，都是我难忘的回忆。

我在这三四年才好不容易稍微安稳下来，而你却几乎离开了我的生活，过上了充实的大学生活，为人生的下一个阶段做着准备。

这段时间在我眼中你有两个特点。

一是你是很努力的人。这是你在大学生活中培养的，你对于努力取得的回报总是十分高兴，你这样的性格太好了。

还有一个便是你幽默的天性。比如我还记得你曾经做过这样的事。

去年我生日的时候，你还在欧洲。好像是在伦敦吧，通过航空你寄来了一张生日祝福卡片。你知道我是兔年出生，所以在卡片上画上了蹦蹦跳跳的兔子，并附上了自己在旅途中的点点滴滴，在信的最后你写道：

"兔子啊！快跑！跑得快才能赶得上爸爸的生日……"

这话旁人可能觉不出什么，但身为父亲我从中感到了你的爱和带给我的无比喜悦。

去年夏天对于你我而言都很不容易。我和你妈妈对你突然的海外旅行以及一个人首次出国不无担忧。还好在各地的大使、公使和他们的夫人以及银行、商社支店的人里有我不少朋友，多亏了他们的照顾，你才能安全地完成此行。独自旅行以及回国后发生的事情，还有种种忧虑和生活上的变化——你都一一经受过来并保持了自己的身心健康，没有比这个更能让我高兴的事情了。

幸运的是皇太子的深情切意和你对皇太子的坚定信赖让我们走到今天，我对此表示感谢。我在这段时间得到了来自前辈、朋友以及社会上各位的厚谊和帮助，在此难以一一言表。

这封信虽然很短但有一段我认为是这封信的精髓。

你首次拜谒天皇夫妇时的场景会终生难忘吧。请努力去遵从他们的心意。

然后信以下文结尾。

今后皇太子陛下每天都需要参加国内的众多活动，为了国际亲善而进行广泛的交往，因此会越来越忙。为了履行上述职责，希望我的女儿能对此多少有些帮助，真诚地面对每一天，保持开朗和勇气，希望你时常和青年接触，永不失青春气息。

正田英三郎

父亲英三郎赠言的报道中还附上了在自家客厅父女两人互相交谈的照片。

在客厅的一隅，还拍摄了婚约发布当天在报纸头条上刊登的一家人的照片。这一张家庭合影中只有母亲富美子含胸低头没有看镜头，大概是因为她心中的纠葛对她病弱的身体造成了较大的负担。

不为人知的是，富美子身为正田家三男的媳妇，一直以来都责任重大。丈夫的两位兄长一位夭折，一位作为学者住在大阪。紧挨丈夫的弟弟死于东京大空袭，留下了妻子和独女。她在婚后便承担起了照顾家庭其他成员的重任，在战争期间，丈夫和生活在学生宿舍的长子留在了东京，她陪伴着丈夫的双亲在馆林、轻井泽疏散避难。一开始和四子顺四郎夫妇一起生活还好，但在战争即将结束时四郎罹难，留下了妻子和女儿，富美子体察到她们的悲伤，在日后的共同生活中为了不刺激这对母女，她对于自己子女的爱都表现得十分克制。

在已经去世的亲人里还有一位是皇后的表兄弟，正田家中有不少失去父亲或母亲，或经历父母离婚或再婚的孩子，正像他们所说，"在五反田的英叔叔和富美阿姨真是照顾了我们很多。我们比他们自己亲生的正田严和美智子更会撒娇"。照顾父母和继承家业让富美子感到了身为妻子的责任，她身体力行帮助自己夫家的亲人。皇后的亲戚说："对于美智子母亲的立场，孩子们十分清楚，因此才培养出了忍耐性很强且不任性的皇后。"也有亲戚在订婚之后的一段时间经常出入正田家，他仅仅就这段时间的印象表示，她们母女关系是那么的和睦，二人之间的关系超越了娇惯，是在严酷世道生存中互相支持而形成的患难知己，我们可以推测此后两人如何用克己的方式支持着对方。

母女两人的关系中没有娇柔，在富美子去世后美智子作了一首和歌咏叹对母亲的怀恋，想必读过的人都能体会到她在歌中表达的哀伤。

彼岸花间路

谁遥指

母亲绰约烂漫处

美智子在 2004 年古稀生日之际用简短的话语提到了 4 月 10 日成婚之日的早上和双亲告别时的场景。

"要离开家的当天早上，父亲说'请遵从陛下和东宫的心意生活'，母亲默默地紧紧拥抱着我。我从父母那里学到了很多。"

因为是第一位以平民身份嫁入皇室的太子妃，此后美智子身上的重担超过常人的想象。用她自己的话说，"身为东宫妃，我绝不会让皇室悠久的历史留下污点"。她感到了责任的沉重，因此"为了不辜负在那天为我新的旅途送上祝福并守护着我的人们的期待，我也绝不会让自己出身庶民的历史留下污点"。

此后正田家的人们都只是远远地注视着美智子，他们总是自觉地和皇室保持着距离，并坚持这样的生活方式。

在平成年代开始时，作家杉本苑子回顾了日本皇室过去立后的历史写道："平成的新皇后出身平民。她的娘家正田家虽然是企业家中数一数二的家族，但到底不过是经营公司的平民，他们在自家千金美智子被东宫求婚成为皇太子妃后完全没有在政治上利用和皇室的姻亲关系。也可以说，他们有些过度谨慎地面对改变他们家族命运的这一大事，美智子妃在继承皇后大位之后，正田家也没有改变这种谨慎的态度。回顾立后的历史，皇后和娘家的关系如此泾渭分明的情况仅此一例。后宫的兴衰都和外戚的权力消长密切相关。在和过去的历史进行比较之后，我感到了时代的进步。"①

即使历经 50 多年，每当天皇夫妇的婚礼纪念日，成婚那天的喜庆仍会被人们传颂。在漫长的岁月中，美智子和

---

① 『オール讀書』1991 年 1 月号より。

她的一家人情不自主地付出了伴随着苦楚的"牺牲"，但他们的这种牺牲却书写了爱的历史。美智子身为皇室的一员但仍是父母亲的女儿，相信她一直对自己平民的出身感到骄傲吧。

　　美智子的和歌老师五岛美代子，用美妙的语言表达了自己对现在仍鲜明地留在人们记忆中的 1959 年 4 月 10 日当天情景的感慨。

　　　　佳人倾魂凝

　　　　和歌精

　　　　百日孕育结心晶

　　　　蝴蝶舞晨露

　　　　润飞翅

　　　　碧空一路扬摇扶

　　　　　　　　　　　　——美智子之师五岛美代子作

　　豆蔻少女的生命旅程深不可测，她经久不断习歌作赋。

9

身为人母

　　2001 年 12 月 1 日午后 2 点 43 分，皇太子妃雅子生下了
敬宫爱子。她是皇室中继真子和佳子之后诞生的第三位孙女。
天皇夫妇通过侍从长得知内亲王 ① 诞生的消息。

　　天皇说，"能平安出生太好了。希望能替我慰问一下皇太
子妃"，皇后也热泪盈眶地对雅子表达了关心："东宫妃的身
体还好吗？祝福两位殿下。"

　　此前，皇后曾为怀孕中的雅子写了一首和歌：

---

　　①　根据日本《皇室典范》，内亲王是皇族女子的称号，会赋予天皇直系二等亲属
　　　　以内的皇族女性。——译者注

暮色起秋风

心系伊

母子脉脉思重重

这个喜讯也通过新闻报道传到了我们电视台。

日本电视台在爱子出生后即时播出了特别报道节目。我们采访了皇太子及雅子双方的同学，他们回忆起两人学生时代的许多往事。电视台还以《新发现：慈与爱的天皇家的八个故事》为题实况播出了特别节目。不过，虽然就爱子出生的相关话题做了很多采访，却几乎没有被采用，而是主要播放了皇后美智子在皇太子出生时的故事。

浩宫德仁亲王出生于1960年2月23日。在产后出院当天身着和服的美智子充满了身为母亲的喜悦。

东宫妃美智子在出院时预想会有很多记者围在宫内厅医院。当时的事务主管、负责应对媒体的是东宫侍从长黑木，他向记者说明从汽车出发到拍照在内的具体细节，并说美智子担心刚刚出生的浩宫受惊，希望记者在摄影时不要用闪光灯。

东宫大夫铃木菊男回忆道：

虽然向记者俱乐部做了陈述，但他们回应说，车里太暗，不用闪光灯根本无法拍照，对于我们的请求他们表示拒绝。但是平常总是容易接受记者杂七杂八请求的妃殿下此时罕见地要求我们再度和记者交涉……

记者希望拍到在车里的浩宫和抱着浩宫的美智子两人在一起的照片，但美智子希望避免浩宫受到闪光灯的惊吓。他们的想法大相径庭。结果记者俱乐部提出的折中方案是，如果不打闪光灯就请美智子打开车窗，并让车子缓缓地驶过。

打开车窗还是用闪光灯，美智子选择了打开车窗。

有人批评记者："打开车窗把将来会成为天皇的浩宫暴露在镜头前，你们真是岂有此理。"这便是俗称的"车窗事件"的始末。想必美智子当时做出决断也是两难的。

1960 年 4 月 11 日在结婚一周年的记者会上，她也坦承生活中碰到很多困难和痛苦的事情，不时会有很无助的感觉。

美智子在用真挚的、深深的爱抚育自己孩子的同时，也在分娩 2 个月后出席了天皇的生日活动。在浩宫迎来 1 岁生日之前她还完成了两次出访，其中包括对美国夏威夷等地和亚洲、中近东、非洲五国的正式访问。她对于繁重的公务毫不懈怠。

我想在节目里介绍美智子亲自为浩宫手工缝制婴儿服的故事。我的愿望最终得以实现了，从中我们感受到美智子深深的母爱。

据《妇女之友》杂志的报道，为了不让贴身衣物伤及婴儿稚嫩的皮肤，美智子手工做的婴儿服都是在衣服外侧进行缝合。浩宫穿过很多次的用平针法织的毛衣上留下许多洒上食物汁液的残渍，显得格外可爱。

我们想让观众看看浩宫穿上婴儿服的样子……因此看了许多录像资料，终于发现了在叶山海岸玩沙子的浩宫的影像。他的连衫裤是蓝白格子的质地，在屁股的部分有很多褶边。果然是同一件衣服，浩宫穿上之后他的小屁股让人觉得好可爱。工作人员也不由得感慨："好可爱啊！"

2002 年 9 月，在瑞士巴塞尔的 IBBY 创立 50 周年纪念大会上，皇后以《致连接孩子和书籍的人们》为题进行了演说。她在谈到自己在育儿期间读到的诗歌时如此说道：

> 在未来即将展翅高飞的孩子身上不能留下忧心忡忡的母亲的阴影，因为孩子的未来有无限的可能性。

她引用了一位诗人很早以前留给我们的一段话作为下述的开场白……

然后她又朗读了自己翻译成英文的诗歌。

　　出生之后什么也不知道吾儿的脸颊 / 母亲啊　千万不要落下绝望的泪珠 /

　　脸颊又红又小 / 现在不过是一个巴旦杏大小 /

　　不知何时　会在为了人类的战斗中 / 燃烧而失去光芒……

——竹内辉代《脸颊》

　　据说为了不吵醒殿下，美智子只能在大半夜抱着哭闹的浩宫到储藏室哄着他。因为第一次带孩子，她有时候也会不安甚至想哭，当时她的心情与这首诗如此吻合，想必她曾经用这首诗鼓励过自己。

　　"自己脆弱时流下的眼泪绝对不能落在孩子身上。"自己的不安"绝对不能在孩子潜藏的可能性上留下阴影"。

　　天皇和皇后打破旧习，亲自抚养孩子。他们亲热地称呼浩宫为"小德"，在履行公务之余还能和家人在一起，想必天皇也感受到了家庭的温暖。

　　婚前美智子曾经一度苦恼于是否要接受天皇的表白，当时天皇鼓励她说："不要只考虑一个人的力量，请想一想两个人合力的话会怎么样。"他还说："分享的快乐可以翻倍，分担的痛苦可以减半。"

正如天皇所言，天皇夫妇在不平坦的道路上通过互相理解、互相支持、互相鼓励一路走来。

10

与晚辈的友情

　　2006 年 9 月 6 日上午 8 点 27 分，秋筱宫家生下了一个男孩——悠仁。悠仁出生后，秋筱宫立即将这个喜讯电话报告了天皇夫妇。

　　日本电视台报道局负责宫内厅报道的铃木梓记者抢在其他记者之前，向全世界报道了"皇室喜得一男婴"的消息。

　　自 2 月 7 日报道纪子怀孕的消息以来已经过去半年多时间，为了准备皇室新生儿诞生的报道，记者们一直在进行采访活动，各种猜测也满天飞，对皇室的采访也在猜测这位皇室的新成员到底是女孩还是男孩，毕竟概率各半。当日的这条喜讯也把我们的工作疲劳一扫而光。

安倍官房长官（时任）对记者说，"这让人联想起秋高气爽、空气清新的感觉"，通过直播，在札幌看到这一报道的天皇夫妇的喜悦表情说明了一切。当时，天皇正在出席当地举办的国际显微镜学会纪念典礼并发表演讲，在演讲结束时他微笑着回应了与会者对他的祝福："……母子平安并得到来自大家的祝福，我对此深表感谢。谢谢大家！"

天皇夫妇在此次旅行中不仅逗留札幌，还到访北海道南端的襟裳岬并一路旅行至带广。此行之前几年，在某报社主办的"森林文化奖"的获奖者名单中有历经艰辛在襟裳岬重振海带业的人们。他们通过让沿岸松林再生，阻止泥沙入海以防海洋污染实现了海带业的复兴。天皇夫妇为了见证他们半个多世纪以来的努力，不惧旅途劳顿来到此地。他们在北海道旅途中全程乘车，行程达530公里，在完成漫长的北海道之旅之后才能见到刚刚出生的小孙子。

承担过皇后著作编辑工作的皇后的好友末盛千枝子谈到了纪子怀孕的消息发布之后的一个故事。当时，纪子在电话中向皇后报告了她有部分胎盘前置的症状。皇后得知此事后表示，"如果在以前那是生死攸关的症状，秋筱宫妃这么一说有点太漫不经心了吧……"在皇后那个年代胎盘前置是十分可怕的病症，所以皇后的反应也不算夸张。后来，皇后听了医生的说明才安下心来，平静地接受了这个事实。为了不让周围的人担心，纪子也表现出了自己坚强的一面，皇后对此十分欣慰。

我在此时不由得想起皇后自己异常妊娠的往事。众所周知，皇太子和秋筱宫相差 6 岁，其间皇后因为葡萄胎而未得第二子。为了进一步诊断她的病症，此后两年她都被禁止怀孕。当时国民都不知道她的状况，不少专业的妇产科医师都说妃殿下已经不能再怀孕了。^① 可想而知皇后在那段时间是何等的不安和痛苦啊！皇后回忆起当时自己的经历，一直在祈祷纪子和新的皇孙的平安。

近年来，秋筱宫一家的公务活动在不断增加，但政府安排给他们的职员很少，因此妃殿下需要承担的杂务也很多。皇后担心纪子过度操劳，希望她早点住院并多次宽慰她。在住院期间她还送花给纪子，为她煲汤滋补身体。这都为处于长期住院生活而多有不便的纪子送去了温暖。皇后在探望时所带食物中除了御膳房制作的之外，还有她在嫁入皇室前学到的一道营养汤，有一种既可口又令人回味的味道。在清澈的滋补汤里可以感受到"和"，这是一种蕴含着温情的美味。

我从皇后烹饪老师的学生那里了解到了做这道汤的要领。

---

① 清子内親王『ひと日を重ねて』より。

有趣的是，因为时间过去太久，出于同一师门的人已开发出了不同的做法，到底哪一个是课上教的原版已不得而知了。通过调整汤的咸淡，不仅可以作为家庭料理还可以是病人的上等补品，这是这道汤的一大特征。这道汤营养价值高，而且因为汤里不放胡椒粉味道也不刺激。汤的用料有胡萝卜、芹菜、洋葱丁和小牛腿肉肉末、蛋白和蛋壳（用于去除汤中的杂质）。还要加入月桂叶和荷兰芹，当然还有水。调味用的是盐、雪莉酒以及少许酱油。在烹饪过程中需要不断搅拌煮沸，煮好之后用布袋过滤出清汤食用。我长期从事家庭料理节目的制作，在节目里我自作主张地把这道清汤取名为"皇后保健汤"。

纪子在喝了这个营养汤之后应该是松了一口气吧。

秋筱宫夫妇在很早以前就希望给真子和佳子生一个弟弟。不过不知道是否因为对东宫有所顾虑所以才迟迟没生呢，还是……在新宫诞生的第二天，《朝日新闻》上的报道描述了皇后的心情："他们两人在忧心、苦恼之后大概觉得现在自己能做的只有这个了吧。"

纪子嫁入皇室已经 16 年。在与天皇一道履行公务的同时，承担培养三个子女重任的皇后一直是她学习的榜样。皇后也常常暗暗支持在皇室中让自己不断成长而不失个性的纪子。不过这可不意味着纪子和皇后的性情完全一致。但是纪子在成婚之后仍不断磨砺自我，在珍视家庭的同时尽力为国民履行责任这一点上可以看到两人的相似之处。

皇后当时为纪子写了一首和歌：

> 面色似从前
> 闻胎动
> 明月推窗话悄然

仿佛和自己生母说话一般，纪子对皇后述说自己身体里新生命的胎动。她们并肩站立在夜色降临的窗边，一起赏月。

说起来，在第9章中也有类似的记载。在皇后言论集《路程》中收录了皇后的这首和歌：

> 暮色起秋风
> 心系伊
> 母子脉脉思重重

以《秋风》为题的和歌，副标题是《东宫妃临产前》。

有一句我很喜欢的美智子的原话。在雅子怀孕时，记者问及皇后对皇太子夫妇即将诞生的孩子的致辞，她回答说："一定是和秋筱宫家那两个孩子诞生时一样，说'欢迎来到这个世界上'，在心中感慨万千吧。""欢迎来到这个世界上"，"你能来到这个世界，谢谢你"……在悠仁诞生之际想必皇后的心情也是如此吧。

天皇家迎来了新的生命。皇后对家中的成员，即使是年幼的孙子也视其为拥有独立人格而加以尊重，带着友情和他交往。根据皇后友人透露，皇后在用"友情"这个词时，是有深刻含义的。

从前，皇后曾参加过一个叫"小王子之会"的有趣的聚会。这个聚会邀请到了《小王子》一书的译者内藤濯、作家川端康成和坪田让治、作曲家诸井诚以及电影演员岸田今日子，现在仍活跃于画坛的画家堀文子也到场出席。

其他章节也提到了，在这个聚会上，皇后从巽圣歌先生那里拿到了新美南吉的首部诗集《墓志铭》。

在《小王子》一书中有许多经典的场景，皇后在和朋友的座谈会中提到，她印象最深的场景是王子关于任性的玫瑰进行表述的这一幕。在王子居住的小星球上只有一朵玫瑰，对于小王子而言，这朵玫瑰比在其他星球上看到的玫瑰美丽的重要原因是，小王子为了这朵玫瑰浪费了时间。先圣提库鸠佩里着意使用了"浪费"一词，就是为某事用心、花上时间。

用心、花时间，和他人交往之美好，皇后在书中读出了这样的感悟。

今后，皇后和悠仁还会加深交往，一起度过许多美好的时光。像她喜欢的《小王子》一书中说的那样，"重要的东西不是用眼睛去看的，而是用心去感受"。让他们共同珍惜这"重要的东西"吧……

新的"友情的故事"就此展开。

11

心系花草

　　在采访皇后期间，我时常关注的物品之一就是皇后的帽子。无论身处国内还是国外，在公开场合亮相时，皇后的帽子总能体现她的心境。

　　在访问冲绳时她的帽子上装饰着奶油色的黄槿花。在访问高知的时候，帽子上出现了县花山桃。迎接皇后访问的人们肯定注意到了皇后的良苦用心，这是访问这片土地的皇后向大家传达自己访问此地的欣喜之情。

　　即将进入 21 世纪的 2000 年初夏，天皇夫妇正式访问荷兰。此后还过境被称为"千湖之国"的芬兰，这是他们二位时隔 15 年再次到访此地。到访第二天，皇后抵达赫尔辛基市政府时戴的帽子上出现了铃兰花。其实在皇后还是太子妃的时候，曾在芬兰被人们称为"铃兰妃子"而名噪一时。

1985年初次到访芬兰时，美智子在去作曲家西贝柳斯故居的路上看到了盛开着的可爱的铃兰花。太子妃不由得为它们驻足，而铃兰花正是芬兰的国花。太子妃的样子被记者们用镜头真实地记录了下来。当地报社的摄影记者对当时的场景回忆道："我们为了拍摄太子妃美智子可谓费尽心思。可能是因为太过投入，有人不小心踩到了路旁盛开的花朵。这时她说：'大家看一下那边啊，那边可开着花儿……。'"对于希望拍到皇后摘下花朵镜头的记者们，皇后委婉地予以拒绝。

当时的情景被第二天的报纸报道。此后美智子作为"铃兰妃子"深深地留在了芬兰人心中。在第二天的访问行程中许多铃兰花送到了美智子的手上，在访问期间乘船游览时，许多市民也从桥上向她投去铃兰花的花束。我闭上眼就浮现出美智子手捧铃兰花和殿下谈笑时的样子。

在我采访时总是会看到人们向太子妃献花的场景。我觉得太子妃和鲜花真是般配啊！在皇太子妃的时代，在东宫御所里养花并在太子妃出行时负责手持花束制作的真美川崎（音译）如是说道："我觉得美智子除了改良的美丽的花卉之外还喜欢野花。她特别熟悉花的名字尤其是野花。"

从赤坂的东宫御所搬到皇居内的新家时，皇后把赤坂御苑的草丛中一起陪伴了 30 多年的一轮草和二轮草移植到了新家。皇后将回忆和珍视的小野花一同带到了新家中。

在天皇住院期间，皇后每天会到院子里亲自摘花并带到医院里。蜡梅、金缕梅、早开的梅花以及道灌堀堤坝上在日本叫作"蕗之薹"的植物。这些花花草草包含着皇后希望天皇早日康复的心愿。皇太子浩宫德仁殿下成婚之日，在为儿媳雅子准备的房间里也装饰着皇后采摘的鲜花，在秋筱宫殿下成婚时也是如此。皇后在爱子诞生前的记者会中曾说，"我会用'欢迎来到这个世界上'的心情迎接她，在心中感慨万千吧"，想必她也是用同样的心情给儿媳制作花篮吧。这多少缓和了雅子和纪子紧张的心情，无疑也表明了皇后身为婆婆的心意。

真美川崎挚爱的丈夫去世时，在葬礼结束的当晚收到从东宫御所寄来的鲜花。"我事先完全没有得到通知，花束上的卡片写着'麻烦你放在遗像旁'。这是美智子为我做的花束啊，真漂亮。我被皇后那深切的同情心所打动，真的很感动。我泪流不止。"

真美川崎也为皇后的娘家正田家送去鲜花。这种私交已经完全超越了工作的范畴。

"新年、圣诞节和暑假时，为了能让东宫御所的一家人更加开心，我都会送去鲜花。每次我都会准备两份，另一份一模一样的鲜花送给正田家。"

女儿美智子即使很想见，也难得一见母亲富美子。真美深知皇后微妙的处境，她想通过鲜花向富美子传达美智子的心意，因此才不断地把同样的花送到正田家去。真美的"鲜花传信"在富美子去世之后依然继续，一直到美智子的父亲英三郎去世为止。

富美子珍爱四季的花草，特别喜欢淡雅颜色的花。美智子在记者会中提过，自己是从母亲那里知道了各种野花的名字。

在很久以前，美智子还说过令真美印象深刻的话："小时候我想开一家花店"，把自己挑选的花朵做成花束递给顾客，"花做完了，请"。美智子还曾说过想开一家书店。这是任何人小时候都会有过的梦想。想开花店和书店的少女没想到自己居然嫁入了日本最古老的家庭——皇室。

如果现在皇后有一件日本传说中的"隐身衣"，大概她在出门之后一定会选择前往花店和书店吧。

12

拥抱皇居的自然

2014年4月4日至8日，为纪念天皇八十大寿，皇居内的林荫路"乾道"向一般市民开放，在5天时间里共吸引了385060人前来欣赏盛开的樱花。

贯穿皇居南北的乾道两侧除了红叶和松树之外还有染井吉野樱花、软条樱花等80棵樱花树，这还是它们首次在开花的季节向普通市民展示。据说是出于天皇本人的意思，他觉得"美丽的场景需要多和国民分享"。

在全年都会向一般市民开放的东御苑里也种着全国各县的县树，这里还是修复正仓院贡物中使用的日本茜草的生长地。

2008 年 4 月，天皇夫妇参加了古代种果树的植树典礼。现在的果树大多已被更加美味、产量更高的树种所替代，因此果树的古代品种正在消亡。

因为东御苑是江户城的遗迹，天皇觉得如果在那种上江户时代的果树品种，肯定会给造访者带来更多的乐趣。因此在皇居东御苑本丸地区特意开辟了一片古代树种的果园，在里面种了柿子、桃子、苹果、梨以及各类柑橘。

昭和天皇曾说过："没有草是杂草。"我找到了一篇昭和年代也就是距离现在 50 多年前[①]描绘当时东宫御所自然风光的文章，那是 1962 年 8 月号的《妇女公论》上刊登的《东宫御所的山菜》一文，出自作家志贺直哉之笔。

那年的 6 月 11 日，在侍从入江相政的介绍下，白桦派作家志贺直哉、武者小路实笃、里见弴三人一同造访了东宫御所。小泉信三在御所里等候着他们，他们与小泉是非常亲密的朋友。

　　在另一栋房子的客厅里皇太子和太子妃也正在等候。我们穿过宽阔的走廊，在窗外的远处，院子里的石头上站着被雨水淋湿的野鸡，一动不动的，本以为是青铜的装饰，没想

---

①　本书日文版出版于 2014 年。

到居然是活物。……殿下非常喜欢白桦树，每年夏天都会从轻井泽带回一些树苗，在广阔的草坪上种出了一片白桦林。……在草坪上有五六只白头翁和刚才那只野鸡一起在雨中散步。在远处的树林里有一只狗跑了过来。御所里养着 12 条野狗，其中有 6 条是跌落陷阱时被抓住的，其他 6 条也不知道是从哪里来的，太子妃还给其中一条狗取名彼得。

这是离 1964 年东京奥运会召开之前两年的东京赤坂御所的样子。落座后，天皇夫妇为他们准备了用大槲叶包的白、黄色的柏饼以及拿御所院子里摘的山菜做的凉拌菜。

……在长长的方形器皿里，竹子做的船形器皿五个一列排放着，每一个上面都盛着凉拌山菜。藜叶、山牛蒡的叶子、鸭儿芹、牛尾菜，上面还有黄花的婆罗门参这些珍贵的植物，据说是妃殿下特意为我们准备的。我对这样的款待感到十分高兴。殿下说柏叶是前天从院子里采摘的。分不清是婆罗门参还是牛尾菜，上面加上了蛋黄酱。每一样菜我都吃了几口，真的很美味。里见最近刚刚从山形县的藏王旅行回来，据说吃山菜是他旅行的目的之一。殿下突然想起最近旅行带回的西式仙人掌泡菜，没一会儿就装盘给我们端了上来。虽然是第一次吃，不过也很美味。但不知道为什么完全是一种普通家宴的氛围，我真的很高兴。我们从两点一直聊到四点才离开。

真是一篇有趣的文章……我觉得天皇一家都有热爱大自然的心。

天皇夫妇成婚的那天是一个晴朗的日子，当时的东京樱花盛开，仿佛为两人祝贺一般……在纪念天皇八十大寿的皇居，"乾道"上面向市民开放的那些樱花也给人们带来了许多欢乐。

天皇夫妇1993年12月搬到了皇居吹上御苑即现在的住所，从那以后他们就开始修建有着天然山野氛围的庭院。

画家安野光雅因为给天皇夫妇装帧图书的缘分认识了两人，他接受了两人为他们住所中植物写生的委托。从2011年1月开始的1年间他数十次进出御所的院子，对四季中约100种花草做了写生。安野说："天皇夫妇对植物的色彩和形状十分熟悉，因此我画画也必须十分细心。这些花的开花期都很短，因此我到访了好多次。"

其实这个故事还有一段前因。虽然之前皇居的自然风光有许多被拍摄的机会，但是御所的院子却从来没被拍到过。天皇夫妇还居住在赤坂时就经常在院子里给自己的孩子拍照，而皇居在昭和年间留下的照片大多是宫殿的院子，照片的背景是与御所有段距离的花荫亭的院子，根本看不到吹上的庭院的模样。为了纪念 2010 年天皇的 77 岁生日，出版了《御所的庭院》（扶桑社编辑部出版）这本精美的写真集，上面还有详尽的解说和介绍。

封面的照片是傍晚的庭院。在黄昏中，有橘色的山丹和夕阳下盛开的很像淡黄色百合花的萱草。天皇夫妇表情轻松，微笑着欣赏这些花儿。这些花朵都曾在轻井泽绽放过，但因城市的开发花草渐渐失去了栖息之地。对此十分忧心的天皇夫妇在昭和年间从轻井泽市运回了几棵树苗。他们在后院种上了白桦树，到了秋天便从干裂的白桦果中取出漆黑色的种子，再补充每年所需的种苗。开满了花园一角的黄花菜也被移植到新的庭院。花的种子现在反过来可以送给轻井泽的植物园了。由于过度开发，在轻井泽的别墅区已经很难看到鲜花了，人们现在希望在别墅区种上鲜花，黄花菜终于可以"衣锦还乡"了。在轻井泽千泷的轻井泽医院的前面种了许多花，环绕着一块写着皇后思念轻井泽往事的和歌的石碑：

看小城郊外

月亮赛

尽染遍野黄花菜

　　和照片一道，和歌以《舞妃莲物语》为题，记录着有关花的故事。舞妃莲是以大贺莲花而闻名的大贺博士委托弟子阪本祐二培育的新品种。天皇、皇后还住在东宫御所时，以大贺从美国带回的黄莲花（大贺称它为"王子莲"）为雄花种，以太古的大贺莲花为雌花种，经过 10 年的反复授粉，阪本终于培育出了美丽的新莲花品种。最初，他希望以皇后作为花的原型，取名"太子妃之冠"（crown princess）。他把莲花带到东京给当时的太子和太子妃过目之后，才把新品种的名字重新命名为"舞妃莲"。据阪本夫人回忆，美智子在看过之后觉得"太子妃之冠"的名字太过洋气，希望他取一个本土化的名字。阪本似乎为培育新的莲花倾注了生命的全部，他在培育出舞妃莲之后不久便去世了，妻子弘子开始默默、认真地守护着这一片莲花田。

　　现在，御所里栽种的舞妃莲就是 1997 年弘子赠给天皇夫妇一个莲花球根，栽种在宫殿御所的前院。此后随着种植量不断增加，每年夏天在御所的北院和花荫亭的池塘里，都会看到美丽的莲花盛开。

　　在此我想引用一下在《御所的庭院》这本写真集的结语中精彩的一段话：

　　　看了本书的读者可能会觉得，御所的氛围与其说是"庭院"，不如带着些许亲切感称其为"原野"更合适吧。大家通过这本写真集可以领悟到天皇夫妇在这两年半里把自己置身于大自然中舒畅的心情吧。

这原野一般的庭院才是天皇夫妇最称心的庭院，像深山那样居住有狸猫、果子狸，还有水鸟等众多鸟类。除了草坪之外其他地方的草丛都是高高的，是昆虫栖息的绝佳地点，秋天可以听到黑蟋蟀等昆虫的鸣叫。

天皇夫妇的午休时间只有 20~30 分钟，春天他们会邀请御所职员趁午休时间去采摘笔头草和小根蒜以及蕨菜和紫萁，秋天里他们会在池塘边的银杏树下共拾银杏。对于职员们而言那可是轻松愉快的一刻。

写真集中还写道：

天皇夫妇非常喜欢道路尽头盛开的美丽的野花，尤其是日本本土的花儿。有缘送到手边的花儿想必也纳入了送花者的心意才被养育得如此美丽。庭院美好的氛围如实表达了天皇夫妇的心情。

道路尽头盛开的花，比如有乡村田埂上常见的千屈菜和石蒜，盘龙参和金线草。在天皇夫妇的庭院里还有紫云英和蒲公英。而"有缘送到手边的花儿"还有比利时王室赠送的酷似番红花的秋水仙、河竹登志夫赠送的坪内逍遥养过的带斑点的大吴风草以及多磨陵园的陵墓职员从自家花园里带来供天皇夫妇在御所插花用的秋海棠。据说天皇夫妇很喜欢秋海棠这种花，因此在御所进行插枝繁殖，现在它们都被精心地养育着。

在天皇夫妇乔迁至现在的御所不久的 1993 年或 1994 年，美智子在庭院的草丛中发现了古时将其根茎用作染料的野生茜草。此后天皇夫妇又在吹上御苑外向一般市民开放的东御苑的草丛中发现了野生茜草，没想到这对复原正仓院贡物帮助极大。美智子对草木用于染色的关注从轻井泽的少女时代便开始了，在轻井泽的一条巷子的尽头有一间出售草木染色制品的小店，在店里有作为染料原料的植物被放在瓶里展示，美智子曾经经常在此驻足。在东宫御所的庭院里有山形县中学生赠送的红花种子，后来培育出了可以作为染料原料的红花。在纪念写真集《御所的庭院》中与茜草照片一起的，还有在东御苑中观看茜草的天皇夫妇的照片。

在刚刚搬到新住所不久的 1994 年，美智子作了一首和歌。

迁入此苑来

气息环

草木萌发焕新彩

在 2009 年的歌会始^①上天皇也咏唱了这样一首和歌。

生命汲汲连

地气传

共栖皇居十五年

该相册在序言中写道，天皇夫妇在吹上御苑丰富的自然景观之中为了保持心情的愉悦，在欣赏大自然的同时还开发庭院。看这本写真集以及在同访问过御所的人谈话时，我脑中总浮现出天皇夫妇的目光所及之处，不由得感到身处御所和御所的庭院的愉悦。

2013 年 7 月 3 日，天皇夫妇到访东京都千代田区三番町的弥生画廊，参观了安野光雅举办的"御所之花"画展。天皇逐一观看水彩描绘的作品，自言自语道："这里是停车场呢……"他在通过绘画确认着皇居内的场所。皇后则在受灾

---

① 为日本每年新年都在宫中举办的首次和歌歌会。每年歌会均会指定一个字作为和歌的主题，天皇、皇后、皇族以及国民根据主题创作和歌并在会上朗诵。举办歌会是日本中世纪贵族的娱乐消遣活动之一，史书上首次记载皇室歌会始是在 1267 年。原本歌会始仅限皇室参加，但明治维新之后的 1874 年开始允许在歌会上吟诵国民进献的和歌。1882 年开始，明治天皇允许在官报和其他报纸刊登自己在歌会上创作的和歌，形式上也渐渐接近于现在的歌会。现在日本每年的歌会始会通过 NHK 向全国实况转播。——译者注

地送来的向日葵和浅粉色的樱花的画作前笑眯眯地看着，感叹道："真美啊……"

安野光雅谈到自己看到皇后在《儿童时代的读书回忆》的演讲录像中出现时，电视画面上的皇后如麦田上吹来的一阵风一般。此后皇后的演讲录像出版，名为《架桥：童年阅读的回忆》，安野为该书的封面画上了麦田。无独有偶，在进行演讲录影时，皇后戴上了父母赠给她的"麦子的胸针"。皇后和安野光雅两人真是心有灵犀。

2014年4月29日的"昭和之日"①，一条喜讯传来。在天皇夫妇的住所吹上御苑发现了新的植物品种，取名为吹上鹅掌草。吹上鹅掌草高40~50厘米，比通常的鹅掌草高近一倍，它的特点是在下雨之后花会朝下开。在吹上御苑附近有许多已知的鹅掌草，从外表上往往看不出它们之间的区别。天皇夫妇经常在这附近散步，特别是在春天花期时，一轮草和二轮草开花的时候他们经常在附近流连忘返。宫内厅庭园课的记录中从未有过发现新物种的记载，这还是第一次记录在宫中发现了新物种。在平常散步的路上能发现新的植物品种，想必天皇夫妇又是惊讶又是高兴吧。

_____

① 昭和之日，日本的法定休假日，原称为"绿色之日"，2007年改称"昭和之日"。

　　国立科学博物馆的名誉研究员门田裕一说："过去日本各地曾经献上过不少珍奇物种，有可能是从中流传下来的。皇居院里还保留着武藏野深山的自然景观，对植物生长而言是绝佳的环境。"

　　国立科学博物馆在皇居院里持续进行着生物调查。在移居此地时，天皇曾经思考过以后如何让这宽阔的吹上御苑保持可持续的自然状态。他的结论是，最重要的还是先仔细调查现状，并在调查的基础上订立计划。他为此取名"20世纪计划"，首先是花5年的时间在2000年编制出第一次调查报告书。可能的话在以后10年进行第二次调查，考察10年间的变化。由国立科学博物馆牵头，许多专家也参加了此项调查，在第一阶段调查结束时，天皇夫妇还特意举办了答谢茶会犒劳他们，当时200多位研究人员齐聚一堂，庆祝计划的阶段性成果。调查期间，天皇夫妇不时莅临调查现场，了解各个部门的进展情况。调查的对象包括动植物如昆虫、鸟类等，天皇的长女黑田清子参加了鸟类部门的调查，并参与了报告的编写。

　　从1998年开始的调查已经可以和过去的调查进行对比，据说还有一个不亚于发现新物种的惊奇发现让天皇夫妇十分高兴。植物部门的地衣类（菌类和藻类的共生体。生存在树皮和石头表面，通过共生来繁殖。例如梅衣、胡须地衣等）相比上一次调查时增加了 38 个品种。这表明皇居内的空气比之前清新了许多，像地衣类这种对空气十分敏感的植物也更加容易生存了。在天皇夫妇还居住在赤坂御所的时候，由于光化学烟雾等公害的影响，冷杉和红松都变得干枯，桂花也不再开花，对此天皇夫妇十分焦急。经过大家的努力，现在日本的空气越来越好，不仅克服了生态危机，对环境十分敏感的地衣类等生物也渐渐地复苏了。天皇夫妇对国民的努力感到自豪并和他们同喜。

庆祝天皇喜寿 ① 的 NHK 电视台特别节目中，播放了天皇夫妇在御所散步时的画面。天皇为从古树中取种培育成参天大树的白桦取名为"21 世纪白桦"。在白桦树下，他感谢皇后一直以来所付出的努力，并温柔地将手放在她的肩上，这个结尾场景让人印象深刻。

今年，在庭院当中皇后喜欢的四照花和假山茶也开花了，黄莺和杜鹃的叫声在院中萦绕。在 1999 年生日来临之际，皇后曾说：

我们移居此地已经近 6 年，御所的庭院也渐渐有了模样。

---

① 日本的七十七虚岁生日，喜字在日语中可以被简写成七十七，因此得名。——译者注

在夏天傍晚，每年都种的萱草的花朵满园绽放，如同高原^①一般。在那须的回谷时昭和天皇告诉我小小的白睡莲的名字，它扎根于大池塘的水里，一点点地生长。我就是在等待每个季节的花开中度过每年的生日。

---

① 轻井泽高原地区。——译者注

13

音乐超越时空

在皇后和音乐的关系中仿佛得到了一份什么样的祝福一般。

和皇后一同演奏过的许多音乐家都知道，皇后热爱音乐并希望自己在忙碌的生活中可以继续演奏音乐，因此他们会创造很多机会与她一起演奏并予以鼓励。

皇后从 6 岁开始学习钢琴，在战时和战后虽然时有间断，但她还是坚持学习音乐。在皇后小学四年级被疏散到乡下之前，她跟着文艺评论家、音乐评论家河上彻太郎的夫人绫子学习音乐。在战争结束，局势稳定之后她又拜高折宫次为师。绫子是男爵大鸟圭介的孙女，是一位美丽优雅的贵妇。"美智子小朋友"总是抱着乐谱一个人精神饱满地来上课，绫子则认真地教她《拜尔钢琴教程》和小奏鸣曲。

1993 年 5 月 20 日，通过钢琴和皇后之间建立深交的钢琴家岩崎淑在滨离宫朝日大厅举办的皇太子结婚纪念演奏的节目单上写着：

> 皇后的演奏一直很温馨，很高雅，我很喜欢。在忙碌的生活中，她从不焦虑，在有限的练习时间里总是从容、耐心地练习。……对于别人的演奏她也认真地欣赏，与他人一起创造出和谐的氛围，通过谦虚、优雅的演奏，她总能打动我的内心。

传说美智子成婚时带三台钢琴到皇宫。其实，当时在常磐松的新居中没有搬进任何新钢琴，皇后弹奏的是在御所属于天皇的立式钢琴。

现在皇后最喜欢用的是雅马哈大钢琴，该款钢琴作为陪嫁礼物由正田家的双亲赠送，在赤坂御所完工时搬入。这款红木材质的大钢琴，美智子一直悉心呵护地用了 50 多年。

从前在采访相关皇后和音乐方面的话题时，我从为数不少的钢琴家那里听到了有关钢琴键盘罩的故事，宫内厅也允许了我们只拍照片的请求。

一件绣着纤美图案的黑色刺绣品，原本是一位重度风湿病患者赠送给她自己亲手刺绣的坐椅靠垫。她觉得当靠垫用容易磨损，太可惜，渐渐地就改变了用途——把它拆开一面形成一条横幅当作钢琴键盘罩，一直使用了下来。

这件刺绣品是用因病痛而并不很灵活的双手一针一针锈出来的。这件纯手工制品和皇后父母赠送的钢琴一道成为她的宝贝，她珍爱地使用着。

2002 年初夏，天皇夫妇在访问波兰之后途经维也纳，在当地举办的欢迎宴会上，有一位存在感很强的美丽女性。她就是旅居维也纳的日本人、作为维也纳乐友协会成员的小提琴家服部丰子。她的文笔十分了得，详细描绘音乐之都维也纳魅力的书——《偏爱维也纳的维也纳生活》，让她一举成名。她在年轻时便远赴欧洲，身为音乐家以及优秀的国际型人才在海外求学的道路上获得成功。我曾经多次采访她。

其实皇后在学生时代便多次听过服部丰子的演奏。

自 1963 年起的两年间，我给香淳皇后上过小提琴课，与天皇家有着多重缘分。我和美智子一起演奏则缘于身兼指挥家的小提琴家梅纽因和丰子的二儿子让二在 1992 年拜访御所的契机。

那天梅纽因在皇后的伴奏之下演奏了一曲巴赫的《圣母

颂》，演出结束他和皇后握手时说："请允许我把现在的心情写在你的乐谱上，可以吗？"他写道："我从心底感谢我们难忘的 joint prayer"。joint prayer 就是共同祈祷的意思，即用音乐来共同祈祷。

让二和母亲服部丰子一样是活跃在国际舞台上的小提琴家，也是著名的指挥家。1989 年在英国出道，他在梅纽因国际小提琴比赛上赢得第一名，因此作为梅纽因钟爱的弟子获得了许多和他一起演出的机会。

"德语中的'musizieren'，直译是'音乐演奏'的意思，皇后的钢琴真是在 musizieren 啊。不仅是弹奏每个音符，还沉浸在和声之中，听着对方旋律的同时让自己的演奏与之协调一致，非常用心地演奏。"让二对皇后的钢琴演奏如此评价道。

基本上和皇后一起演奏过的音乐家都一致认为，"皇后的钢琴演奏非常具有乐感"。

对于十分敏锐又感性的音乐家，想必是通过音乐触碰到了皇后的内心深处。

皇后和服部丰子合奏过的曲子中有莫扎特的"E 小调小提琴奏鸣曲 K. 304"以及格鲁克的《精灵之舞》、克莱斯勒的《爱的忧伤》等。他们通过钢琴和小提琴进行对话，并在伦敦、维也纳、东京一起参加演出活动。

皇后这样评价自己的音乐：

> 我之所以一直以来都在坚持弹钢琴，是因为天皇拉大提琴，让我给他伴奏，在互相倾听的同时享受演奏的快乐。我弹钢琴虽然也间断过，但终归还是坚持下来。只是技巧不够过硬，我能弹的曲子也很少，尽管如此，能得到这么多次给海内外音乐家伴奏的机会，我感到十分荣幸。我不会忘记美丽的音色伴随着我的琴声时的喜悦，今后我也会继续弹下去。

全世界音乐家中似乎有着某种圈子。罗斯特罗波维奇曾多次到访御所，同样是俄罗斯裔的中提琴演奏家巴什梅特和小提琴家樫本大进也曾一道走访皇后并共同演奏。小提琴家伊夫里·基特里斯、乌托·乌季，大提琴家马友友和柏林爱乐乐团的大提琴家们也都与皇后有过交流合作。德国大提琴家贝尔格在阪神淡路大地震后曾经访问御所，皇后还邀请了在神户震灾中家人遭受灾害的日本小提琴家共度一夜，据说他们一直在不停地合奏舒伯特的小提琴奏鸣曲。维也纳合唱团曾在奥地利的奥花园 ① 和驻奥地利日本大使馆进行过表演。

---

① 奥花园（Augarten）是奥地利维也纳的一个公园，园内有音乐厅"MuTh"可供演出。——译者注

女高音歌唱家艾迪塔·格鲁贝洛娃拜访皇后时，因为机会难得，皇后将在御所工作的职员召集到音乐室的走廊前，在皇后的伴奏下，据说大家都对格鲁贝洛娃用美丽的花腔女高音演唱的《致音乐》(An die Musik)如醉如痴。在草津的音乐节上，主要与维也纳爱乐乐团成员演奏，从去年夏天开始他们罕见地用低音大提琴合奏，演奏的曲目包括柏林爱乐乐团克劳斯·斯托尔的乐曲和拉赫玛尼诺夫的《练声曲》(Vocalise)。

当然也有许多活跃在世界舞台的日本演奏家与国际音乐圈子交往颇深，他们很多都和皇后保持着常年的交往，他们之间的友谊跨越海洋、跨越国境，联结着世界各地。

在木管乐小组中和皇后一同演奏莫扎特五重奏的巴松管演奏家冈崎耕治提到了皇后出色的"听"的能力，即"和周围的声音合拍，但又不失去自我，这种能力究竟是从哪里学来的呢？"这不仅是技术的问题，它是室内乐最重要的部分，即通过声音和他人交流的能力。

历代外国大使和大使夫人中有许多不仅喜爱音乐欣赏，自己也会演奏乐器的人。不知是之前哪一任挪威驻日大使夫人，在随她丈夫来日本赴任前她还是奥斯陆乐团的长笛演奏者。无独有偶，夫人曾是音乐会的钢琴演奏家，大使本人也可以演奏小提琴，以及他们国家的民族乐器，喜爱意大利牧歌（Madrigal）等曲目的也有耳闻。这些大使引见本国的优秀音乐家访日时，会在使馆举办室内音乐会并邀请嘉宾。为了与日本的音乐家和音乐爱好者在轻松愉快和融洽的气氛中进行交流，往往会举办一些氛围舒缓的小型音乐沙龙，二三十年来这种传统一直低调地延续着。在这种音乐沙龙期间，日本顶级的演奏家和不时来访的外国艺术家以及日本业余演奏者等会认真地排练合奏。业余演奏者中有原外交官、学者、商社职员等各色人物，前述的巴松管演奏家冈崎耕治正是在这样的沙龙上有幸见到皇后的。那次大家听了皇后演奏的钢琴曲，都感到十分惬意。在这样的氛围中，外国客人感到"一瞬间心情放松多了"。冈崎意味深长地表示，"说这是'在搞外交套话'不一定恰当，我对皇后的印象是给人一种平和、安宁的感觉，她对我们的帮助很大"。我们可以想见，皇后和国内外的艺术家进行的交流中，充满了他们对皇后的感谢之情，想必这样的交流今后会继续下去的吧。

2013 年 11 月 10 日，当天在东京初台的歌剧城音乐厅举办了钢琴家馆野泉（时年 77 岁）的独奏音乐会，皇后也到场观看。馆野很早便通过音乐和皇后有交往。馆野 1936 年出生于东京，从小便在音乐的氛围中成长。他儿时正值日本战败前夕，因为全国上下兴起民粹排外的风潮，即便是在东京，据说人们听到谁家传出钢琴声便会向那户人家投掷泥巴泄愤。

此后在不同的音乐活动中他和前文提到的服部丰子在室内乐领域有了交往。1964 年他赴芬兰首都赫尔辛基定居并继续他的音乐生涯，他的演奏深受芬兰人民的喜爱，同时他也成为日本的骄傲。

2002 年，在芬兰第二大城市坦佩雷的独奏音乐会中，他在弹奏最后乐章的最后一个和音时因突发脑溢血倒在了舞台上。医生说"要是再晚来一会儿他就没命了"，在外人看来这也基本上宣告了他钢琴家生涯的终止。在如此困境之中，馆野仍拼命地进行康复训练。在患病之后的 1 年零 7 个月，他终于可以用左手单手演奏，重新回归舞台。馆野说："我感到十分饥渴，我想要音乐，想登台演奏。我对自己弹奏的东西有一种无法自控的饥饿感。"他静静地说道："我总是深感我还活着，不！我又活过来了。"

我曾经在纪念皇后诞辰的节目中采访过馆野先生。他在皇后患上失语症的时候曾建议说："如果能通过音乐慰藉她的话……"我听他讲起在御所演奏时的往事。皇后说话的神情与语调就和钢琴的音色一样，纤细、高雅，似乎能包容一切，给我留下了深刻的印象。

皇后在少女时代偶然认识了指挥家渡边晓雄，从那以来她始终和渡边一家保持着密切的交往。渡边的父亲是日本人，母亲是芬兰人。在成为指挥家之后，他把以西贝柳斯为代表的北欧音乐介绍到日本。他还为皇后献上了西贝柳斯的钢琴曲"树"系列的乐谱，并将优秀的钢琴家馆野先生介绍给皇后，日后两人终于有缘在芬兰相遇，并结下了深厚的友谊。在馆野病倒，右手失去知觉之后，朋友吉松隆为馆野写了无须用两人四手而只需两人三手便可弹奏的摇篮曲，两人曾在日本驻芬兰的大使官邸合奏了这首曲子。

皇后写下一首和歌表达自己听完馆野泉单手独奏的钢琴演奏会之后的感想：

> 左手抚琴曲
>
> 响耳畔
>
> 掌灯时分穿城还

2013 年 12 月 19 日，天皇夫妇出席了在东京赤坂三得利大厅举办的读卖日本交响乐团贝多芬第九交响曲音乐会。被称为"岁末风物诗"的第九交响曲乐章中间没有休息时间，演奏一气呵成。在热烈的掌声中，天皇夫妇悄悄入席。皇后暗红色的西装让会场的氛围显得更加凝重典雅。在音乐会结束时，天皇夫妇随着观众的掌声起立，观众目送天皇夫妇离场。这是具有辞旧迎新之意的音乐会中的一个场景。天皇夫妇在和主办方简短交谈后离去，观众沿街等候着他们。雨不停地下，天皇夫妇上车后，打开了车内的灯，对冒雨在人行道上伫立的人群以及人群中的我微笑着挥手。虽然身处冷雨之中，我的心里却是暖洋洋的，即使是在这寒冷的冬夜。

14

心系福祉

　　天皇夫妇在 2004 年 1 月底对冲绳县进行了为期四天的访问。在到达那霸机场之后，他们直接前往冲绳和平祈念堂，祈祷悲惨的战事不再发生。

　　他们此行的主要目的是观看新成立的冲绳国立剧场的开馆纪念演出并视察宫古岛和石垣岛。因为两岛第一次迎接天皇夫妇的到访，全岛上下充满了紧张感。岛民为了参加迎接天皇夫妇的沿街欢迎活动，还纷纷特意去做美容美发，岛上的理发店里挤满了当地女性。因为迎接天皇夫妇期间若有人醉酒会十分失敬，因此酒馆纷纷歇业。听了这些趣闻真是让人忍俊不禁。

在访问的第三天，天皇夫妇探访了宫古岛南静园国立疗养院。该院距离冲绳本岛需要大约 50 分钟航程，是位于日本最南端的麻风病疗养院。警备直升机的轰鸣声随着天皇夫妇的到来越发清晰。由白色摩托车和巡逻车开路，天皇夫妇的车辆抵达疗养院。在一阵阵快门的咔嚓声之后，天皇夫妇一行进入楼内。我们采访的记者追随其后，来到了患者和天皇夫妇见面的会场。

日常作为食堂使用的房间里有 24 名患者正在等待天皇夫妇。他们进入会场之后左右分开对每一位患者表示问候。天皇用沉稳的声音问道："老家是哪儿啊？现在多大了？"皇后身着冲绳花纹风格的珊瑚色上衣和裙子，她低下身子和每个人握手，并倾听他们的话语。皇后问道："每天过得怎么样啊？"患者回答说："每天都在养花，过得很开心。"听到说及花，皇后一下子变得十分高兴，"什么花啊？"患者回答道："是大丽菊。最高兴的时候是春天来临大丽菊花开的时候。"

在轻松的谈话中我们可以感受到天皇夫妇的亲民。他们认真对待每一个瞬间，把注意力集中在对话者身上。最让我印象深刻的是他们对在患者身后等待的看护人员的关心。皇后跟他们打了声招呼，有些看护人员因为过于激动，脸唰地红了，甚至流下了眼泪。皇后知道看护人员对患者治疗的重要性，因此也特别关心他们。

疗养院中患者的平均年龄达 77 岁。他们平均的住院时间长达 44 年之久。除了病痛之外，他们还饱受歧视、偏见，在精神痛苦中煎熬着。访问过后，在患者们和记者的见面会上，他们的兴奋之情仍然难以平复，"这是我人生中最美好的一天了"，"天皇夫妇宛如亲人一般对待我们"，"皇后的手又软又暖，让我无法忘怀。今天我打算不洗手了"。他们说话时的兴奋神态令人难忘。

皇后在大学时代便参与志愿者活动，和麻风病患者进行书信交流。关于皇后对慈善活动的关心，自皇后成婚以来一直在慈善活动方面和皇后有着许多往来的葛西嘉资说：

> 从成婚以来到现在，皇后一直对慈善活动抱有深切的关心，并坚持参与其中。这种参与符合皇后的身份，能传达皇室的关爱，并使之长久存在下去。皇后在对外交往中，都会在一定程度内尽量满足人们的需求。同时，她对社会上的问题十分关注，并学习相关必要的知识以回应人们的关切。因此在我们眼里，她好像是一直都准备好了一样。(《皇后陛下美智子》)

常年饱受重度风湿病困扰但仍从事厚生省统计工作的矢

岛昭子（已故），为了记录皇后如双亲般对自己的细致关心，出版了小册子《美智子》来讲述自己的经历。因手术后遗症的影响，矢岛没办法屈膝，也无法坐在牙科医院的椅子上，因此被各个医院拒收，常年饱受牙病的折磨。知道此事的皇后想尽办法为她找到了一家医院帮助她治疗。矢岛认为皇后身上体现了志愿者特有的风姿。"皇后从事的慈善活动之所以深得人心，不在于他人的驱使，是因为她自觉地把人民的疾苦放在心上，她将需要志愿者的人和有意做志愿工作的技术人员结合在了一起。"

皇后在访问收留重度智障儿童的福利院时，我见证了这样一幕。就在那时福利院的一个孩子突然紧紧抱住了皇后，皇后也紧紧抱着这个小孩。无论是在日本还是国外，在公开场合中，皇后从来没有这样主动地去抱小孩子的动作。紧接着，那孩子的头一下子又撞到皇后的怀里，一下子又扑到她的后背上，皇后欣然接受了这一切。而且，她的表情一直是温和与亲切的，这深深打动了在场的记者。

在美国里根政府担任礼宾司司长达 7 年之久的塞尔瓦·罗斯福（Selwa Roosevelt）将自己的体验写成 *Keeper of the Gate* 一书，书中提到了当时还是皇太子夫妇的天皇夫妇在访问华盛顿安宁病房时的故事。"皇太子夫妇对每一位高龄的市民展现出的体贴打动了我。说实话这是我在工作期间唯一一次落泪。"在篇幅达 370 页的书中，有关世界各国王室皇族待人接物的故事充其量只有 10 页，而其中有约两页半描写了 1987 年日本皇太子夫妇访问美国时的故事。

"我特别抱有深深爱意的王室夫妇就是日本皇太子明仁殿下和皇太子妃美智子殿下。"包括访问安宁病房在内，书中十分详细地描述了当时的皇太子夫妇在海外访问时的情景。

在皇后思考慈善活动时总不会忘记红十字会。众所周知，皇后是日本红十字会的名誉总裁。我在采访中多次到访过日本红十字会，在红十字会总部 2 楼有画家东乡青儿的一幅出色的绘画作品。画中展现了在战场上受伤痛苦的士兵和为医治他们伸出双手的 3 位美丽的白衣天使……

每当看到这幅作品时，我总会觉得里面的一位天使——特别是画中最前面的年轻天使——是以皇后为原型创作的。通过采访，随着我深入了解到皇后对慈善活动的关心之后，我更加坚信自己的推测。同天使温柔的双手一样，皇后的内心也一直温馨地关怀着受病痛折磨的人们。

15

面向苦海净土

2013 年 10 月 27 日，天皇夫妇为参加"第三十三届全国开创富饶之海大会——熊本"而访问了熊本县，他们此行专程初次造访水俣市，并同水俣病患者们进行亲切交谈。在市立水俣病资料馆，他们在聆听了"发声部之会"会长绪方正美的经历后，天皇看望了每一位患者后说：

我深切体会到了大家的心情。我再度感到，大家希望开创一个让真相存在下去的社会。

大家怀着复杂的心情坚持到今天，对此我深表敬意。

我认为日本今后必须正确对待自己的国民。

天皇此番讲话在意料之外，他在活动中脱稿讲话并直抒
胸臆是十分罕见的。

十分期盼天皇夫妇访问水俣的一位女性是住在熊本市的
作家石牟礼道子。

1969 年，在水俣病的病状还不为人们广泛所知时，石牟
礼完成了描绘当时水俣病病状的作品，即她的代表作《苦海净
土：我们的水俣病》。水俣病的起因是企业为了逐利，虽然明
明知道水银有毒但为了经济利益仍继续使用，并将含水银的水
排放到海里，引发了公害。石牟礼一直以来坚持描写人们被迫
忍受这种病痛生活。

年轻女性坂本喜代（音译）患上了水俣病，照看她的母
亲对石牟礼的倾诉被她融入作品中。

"喜代的手和脚都弯曲了，就像绳子一样，束缚了她的生
活，光是看着她的样子我就十分痛苦。在她去世的那一年，正
好是樱花凋谢时节。我才稍微离家一会儿，她便在房子的外廊
上摔倒，在地上爬行。她爬了过去，想用她笨拙的手指捡起
地上樱花的花瓣。她弯曲的手指蹭着地面，手肘被磨出了血，
指着花瓣叫着：'妈妈，花呀。'花和她都可怜地在地上蹭着。
毫无怨言的待嫁的姑娘，她想要的就是拾起一片樱花的花瓣。
我拜托你，要写成文章就请写给氮气制造商们吧。不，请全国
的人们在这个樱花凋谢的季节，替喜代拾起一片花瓣吧。为了

祭奠她。"①

　　2013 年 7 月，在天皇夫妇访问水俣前的 3 个月，石牟礼在东京和皇后见了一面。这是在悼念和两人都有深交的社会学家鹤见和子的"山百合忌"的会场上。皇后与鹤见常年保持深入、低调的交往。人们可以从鹤见生前的文章中读出她对天皇夫妇抱持深深的敬爱。石牟礼和鹤见合著的《语言的尽头》一书中，提及天皇在诸多限制下用心表达了对曾经的战争对手荷兰的一席话。虽然天皇身处不能参与政治的微妙立场，但是她们对天皇履行职责表示理解和好评。她们对皇后的举止和声音以及温柔的说话方式也抱有好感，"这样优秀的皇后能陪伴天皇左右，想到此我们就感到暖心"。当天，石牟礼忍受着帕金森综合征的疾患来到东京。因为生病的原因石牟礼的手一直在抖动，皇后说，"这个很好吃啊"，帮她夹菜。她们经过了短暂的交谈之后，皇后悄悄告诉她："下次我们要去水俣。"

　　在天皇夫妇访问水俣时她接受了当地报纸的采访，石牟礼说："美智子带着很多思绪来到水俣"，"那些罹患先天性水俣病的人和潜在患者的痛苦 50 年来一直难以言说，希望天皇夫妇能拯救他们，哪怕减少一分乃至一秒的痛苦也好啊。此次的会面并不意味着一切都得到了拯救，但只要他们能听一听

---

① 『中央公論』2013 年 1 月号、石牟礼道子『花の文を—寄る辺なき魂の祈り』より。

患者们的痛苦，或许能为患者带来些微的慰藉。"

这便是石牟礼的心情。在此次访问中，因为天皇夫妇强烈的意愿，他们和两位罹患胎儿型水俣病的患者会面。在旅行前为了此次会面，天皇夫妇特意牺牲了午餐后的休息时间进行安排。这是在期盼开创富饶之海，将比目鱼等鱼苗放流水俣湾之前的事情。

在水俣病死难者的慰灵碑前，天皇夫妇为墓碑献上了白菊花束。他们伫立碑前凝视着写有"绝不让悲剧重演"的石碑，在离开之前再度鞠躬致意。

2014 年 1 月歌会始的主题是"静"，天皇咏诵了一首描绘水俣之行的和歌。

看慰灵碑前

海天边

碧蓝水俣静一片

在天皇夫妇启程回东京时，石牟礼特意赶到机场来为他们送行。他们进入机场大厅时，石牟礼从轮椅车上站了起来，皇后注意到她之后停住了脚步并微笑着走过去。但是机场内的活动范围有严格的限制，皇后不能再和石牟礼交谈了。不久之后折回的侍从替皇后传话："请您保重身体……"

天皇夫妇一直关心身处困境的人们。我跟随他们采访水俣之行，在采访中我感受到了皇后一直以来真挚地心系弱势群体的爱心。

虽然话语不长，但我想在此引用石牟礼对皇后的评价，"充满知性与爱"，"罕见地拥有美丽心灵的人"。

16

两位诗人的幸运相逢

2014 年 2 月 28 日，童谣诗人窗道雄不幸去世，享年 104 岁。他的一生笔耕不辍，生前创作的《小象》《山羊先生的信》等童谣深受孩子们的喜爱。他以幽默的方式接受了自己"衰老"的现实，晚年创作的诗歌也引起了老年人的广泛共鸣。

作为 1994 年国际安徒生奖的获奖者，窗道雄是第一个荣获此奖项的东亚作家。该奖项每两年颁发一次，分别颁发给一位作家和一位画家。虽然是儿童图书国际大奖，但因评选标准极高而被称为"小诺贝尔奖"。为了将道雄先生的作品提交评选委员会，需要把作品翻译成英语，而承担此项工作的便是皇后美智子。

平成皇后美智子

1994 年 12 月 2 日在东京都举办的 JBBY 成立 20 周年纪念活动——"儿童读物集会暨庆祝窗道雄获得国际安徒生奖"中，皇后致贺词说道：

我祝贺窗道雄先生获得安徒生奖！在 1989 年初夏到 1993 年夏末，我因为意想不到的缘分承担道雄先生诗歌的翻译工作。今天我有幸第一次看到道雄先生本人并致上祝福的话语，我深感荣幸。

道雄先生，恭喜你获奖！

今天，我带着祝贺的心情，想和大家一起分享一下道雄先生两首诗的英文翻译。

我选的是《山鸽》和《苹果》。我听说道雄先生本人很喜欢《苹果》这首诗。我对《山鸽》有着愉快的回忆。今年 6 月在访问美国的途中，一位上年纪的男士握着我的手打招呼说："嚯波 咕噜噜。"然后他问我："这是什么叫？"我应声回答道："山鸽！"因为行程很紧，还要见很多人，我们就此各奔东西。当天夜里，回到住处之后我又想起此事，十分高兴。"嚯波 咕噜噜"不是我的翻译，而是照搬了道雄先生诗中的原句。道雄先生的"山鸽"的"叫声"已经跨越海洋，飞到了太平洋彼岸的美国，不过它还是保持着原有的乡音啼鸣。

　　促成两人开心相遇的是原 IBBY 的会长岛多代女士。她身为儿童读物的编辑，也是著名的世界稀有图书的收藏家。

　　　　岛女士在文章中曾说道：我受 JBBY 猪熊叶子会长的委托，找一位能用英语翻译道雄先生诗作的人。诗的翻译对于专业翻译家而言都很难，我担心如果译者不能理解诗的意境，很难通过译文传达道雄先生的世界观。[①]

　　岛女士那时已经是引人注目的和歌诗人，她突然想起另一位和歌作家、善于在每一个用词里寄托强烈感情的皇后。其实委托皇后还有另外一个理由，皇后在皇太子妃时代曾经将诗人永濑清子的《来到拂晓的人啊》翻译成英文，听说她还翻译过新美南吉和木下夕尔的诗。

　　岛女士说："诗的翻译是既不起眼又有难度的事情，但皇后一定十分了解道雄先生的世界观。"

　　岛女士是一位激情四射、充满能量、开朗且才华横溢的女性。1993 年秋天，我申请在有关皇室的特别节目中就皇后和儿童文学的故事采访岛女士。但制作组以"我是参与幕后制作的人，不宜出演节目"为由，无情地拒绝了我的请求。但她

---

　　① 『文藝春秋』2013 年 7 月号より。

还是邀请我参加 JBBY 的活动，从那以来她同我谈了许多有关文学、艺术以及复杂的人生的话题。有时她还会来找我一起聊一些心里话，我和她一起度过了许多美好时光。

岛女士从圣心女子学院初中部开始便是低皇后三级的学妹，她的姐姐是皇后的同班同学。她的祖父是担任战后《日本国宪法》起草工作的松本烝治，父亲是在庆应义塾大学教授西洋哲学史的松本正夫。东宫参与①、负责当时皇太子殿下教育工作的小泉信三是她的伯祖。

圣心中学时代的皇后是一位活跃在操场上的少女，被同学们称为"羚羚少女"。据说岛女士以前跳绳能跳双飞一百来下，也是一个很有活力的女孩。但是多代在小学六年级的时候不幸患上急性脊髓灰质炎，即所谓的小儿麻痹症。因此她长期被困在病床上，那时她总想："在失去双脚之后，我剩下的只有脑子了……那就读书吧！"伯祖小泉信三鼓励她："得了这种病实在是太可怜了，希望你化不幸为动力。"小泉自己也曾在东京的空袭中被大面积烧伤，此后也饱受后遗症的困扰。

岛女士给皇后打电话拜托她翻译道雄先生的诗。当时皇后对他的诗还不大熟悉，不紧不慢地问道："是'小象'和'粉

---

① "东宫参与"为日本政府宫内厅东宫职下设置的官职，负责为皇室子女提供咨询。——译者注

色贝壳'的作者道雄先生吗？"急性子的岛女士赶紧把手头的几本道雄先生的书寄给了她。

后来，皇后在旅途中曾对岛女士说："稍微翻译了一些，但是请你也拜托一下其他人。"但是岛女士不想再拜托他人，因此一直等着皇后把翻译稿寄来。不久之后她拜访了皇后，看到她手工制作的小册子《The Animals 动物们》已经完成了，里面有皇后翻译的道雄先生的 20 首诗，在对开的两页上横向写着长短相同的诗。皇后在道雄众多的诗中选取了 20 首，她采用在左边写道雄先生的原诗，右边写英文译文的日英对照的排版方式。她大概是想到"英语国家的读者，如果能稍微懂些日语就可以直接阅读道雄先生的诗了"才这么做的。遗憾的是当时没赶上国际安徒生奖评审的交稿最后期限。《The Animals 动物们》1992 年在美国和日本同时出版，就是这本书让道雄先生在一年之后荣获大奖。

此后，皇后将另外译完的 60 首诗寄给岛女士。它们按诗的类别集结成《Rainbow 彩虹》《As They Are 真实的面目》《Magic Pocket 魔幻衣兜》三本小册子。《Rainbow 彩虹》里主要是自然主题的诗，《As They Are 真实的面目》里收录的主要是以物品为题的短诗，《Magic Pocket 魔幻衣兜》中则是幽默的诗。

岛女士回忆说："（从道雄的大量作品中）皇后挑选了 80

首诗，并根据题材分类，充分再现了对世间万物倾注了所有真情的道雄先生的世界观。从这个意义上说皇后自己也是一位诗人，同时也是一位翻译家和优秀的编辑。"作为国际安徒生奖的评审委员常年从事评审工作的松冈享子评价皇后的翻译"原汁原味地还原了道雄先生的诗"。岛女士说："回头看来，同学生时代相比，皇后现在的生活态度是一以贯之的，皇后时常反思自己的过去。岛女士对此有自己的看法："当然和翻译不同，在现实生活中，有时候她会经常拒绝，但一旦接受委托，她会坚持不懈地努力。她会接受周围人对她的请求，并在自己可能的范围之内拼全力。皇后的这种对待生活的态度是一贯的，与其说是她的风格不如说是她的哲理使然。"[1]岛女士果然十分直率地做出了如是评价。

皇后和岛多代从少女时代开始就互相欣赏，并曾经在同样的环境中长大，因此她们才能合作完成如此重要的工作，将道雄先生这位罕见的诗人介绍给全世界。我对岛女士和JBBY，也对自己一直能采访皇后感到自豪，为她们感到高兴。此后在巴塞尔的 IBBY 创立 50 周年的大会上，作为名誉总裁出席并致辞的皇后提到了自己为了和 IBBY 加强联系而从事翻译工作的故事。岛女士在会上宣读到写给大会的信的结尾

---

[1]　『文藝春秋』2013 年 7 月号より。

时打趣地说道："没有给她翻译费哦"，引起哄堂大笑。听说当时皇后谈道："她那么天真无邪地看着我，我根本不能拒绝啊，学生时代就是如此。"对皇后而言，岛女士会不时让她大吃一惊，她的异想天开也会让她摸不着头脑，但皇后深信直率的她，把她当作闺蜜，当然还是可爱的学妹。

2013 年，在 JBBY 机构中沉眠已久的两本诗集《Rainbow 彩虹》和《Eraser 橡皮擦》终于出版。《Eraser 橡皮擦》一书原来的书名是《As They Are 真实的面目》。这如实传达了道雄先生想表达的观点：人的生命原本和世间万物并无二致。因为原本道雄先生的诗中没有这首"As They Are"，最终皇后只好和其他几本书一样，从书中挑选了一首诗歌的题目作为书名，取名为《Eraser 橡皮擦》。

岛女士说，皇后在翻译期间，曾经就诗中很多词语的意思通过岛女士询问道雄先生。如此认真细致的工作才能让道雄先生获得国际安徒生奖这样巨大的荣誉。皇后对道雄的诗的翻译，首先是接纳并理解那些蕴含在诗句中浩瀚宇宙般宏大的精神世界，然后再进行翻译。两位诗人幸运地相逢，结出了如此丰硕的成果。

17 有关 IBBY 的两个大会

1998 年 9 月 21 日上午 10 点，在印度新德里阿育王酒店举办的第 26 届 IBBY 国际大会上，皇后通过录像进行了主题演讲。由于印度在当年进行了核试验，这和大会"通过儿童读物实现和平"的主题不符，因此不少会员国抵制此次大会。几年前 IBBY 同意印度支部作为此次大会的主办方，由于这个突发的政治事件，原定在开幕式上作为主题演讲者的皇后不能参会，因此，她的演讲临时改成通过录像播放。

自接受岛多代的邀请以来，我成为 JBBY 的会员并参加了许多活动。我作为 JBBY 的会员在会议前一天一个人来到新德里，日本电视台为了采访此次活动，将摄制组从曼谷支局调来与我会合。在阴云密布的会场上各国的会员正紧张等待皇后演讲录像的播放。以《儿童时代的读书回忆》为题的演讲录像在一片静谧中开播了。

在演讲开头，皇后向主办方 IBBY 印度支部事务局长贾法夫人为自己不能亲临现场致歉，并感谢主办方的邀请以及祝愿会议顺利举办。然后她提到了自己在年轻时和皇太子一道访问印度时的情景。那是 1960 年，在他们成婚后不久，皇后当时才 26 岁。

在加尔各答、新德里、孟买、阿格拉、菩提伽耶、巴特那各地旅行的日子里，他们受到了当地民众的热烈欢迎。在 13 年前（1947 年——译者）经历漫长的殖民岁月后赢得独立的印度，他们通过和总统普拉萨德、副总统拉达克里希南以及总理尼赫鲁等政治家的交流，体察到他们对自由、民主、和平的渴望。在结束寒暄之后，皇后开始进入正题。录像有日语和英语两个版本，在印度的主题演讲使用的是英语版本。皇后的英语版演讲播出之后，在负责录像制作的 NHK 的不断恳求之下，宫内厅以和其他民间电视台共享为条件，终于同意在 ETV 特集（有关社会问题的纪录片节目——译者）中播出录像的日语版。事前电视台没有进行任何预告，突然间皇后出现在了电视画面上。因此在节目播出之后，在新德里会场阿育王酒店的日本媒体的采访电话被打爆。我在离开事务局之后，也帮助他们一起应对这些采访。

那么 IBBY 和皇后是如何结缘的呢？这可以追溯到 1992年。IBBY 是一个民间组织，面向世界各地尤其是发展中国家，致力于促进当地优秀儿童书籍的出版以及普及儿童读物，它的活动计划中还加入了提高识字率的内容。IBBY 是 1953 年由犹太裔德国女性杰拉·莱普曼创立的。她在美国籍的丈夫去世后成为一名记者，并积极参与政治活动，在纳粹上台之后流亡到英国，在战后德国的美军司令部中负责妇女事务。她在国际社会提倡"和平"和"通过儿童读物理解世界"，后与作家克斯特纳合作创立了 IBBY。

1992 年皇后将自己的插画作品《第一次爬山》的部分版税捐给了 IBBY。此后在海外访问时，皇后在各地图书馆接触到很多从事儿童读物工作的人。她对从事人类智慧传承，并让人在任何情况下都不失去生存希望的儿童书籍的工作者予以鼓励。对此，IBBY 相关人士有深深的敬意，和皇后建立了深厚的友谊。2002 年 9 月，在瑞士巴塞尔举办的 IBBY 创立50 周年纪念大会上，应时任 IBBY 事务局长丽娜·迈森及各国 IBBY 成员的强烈要求，皇后在婚后第一次自己出访海外，并为大会送去祝福。

第二次世界大战结束的那一年，IBBY 创始人杰拉·莱普曼看到在战后德国满目疮痍的社会中生活的孩子们，产生了让他们读书的强烈愿望。为了激发孩子的求知欲和想象力，为孩子们树立正确的价值观，她希望生活在自由世界的孩子们能给这些饱受战争之苦的孩子赠书，最好是儿童读物或是插图比较多的书。莱普曼将自己的愿望告诉全世界以后，从 20 个国家寄来了 800 多本书。……虽然我对孩子们的出生、成长十分高兴，但同时也有一些不安。在自己怀中那小小的生命，仿佛嘱托给我的珍宝一般。从那时起我对孩子的生命心存敬畏，同时感到肩付嘱托的责任重大。我从心底希望孩子们能生活在一个和平的世界，但也希望他们能像关注身边的事情一样关注世界上局势动荡的地方。我把对那些日子的感想，翻译成英语，在朗读会上和大家分享。

她在提及自己的翻译时说："此次来到巴塞尔，是因为自己以前也是孩子，从读书中受益良多。……我曾经扪心自问对此次大会我能做些什么。我能做的便是将自己曾经从读书中获得的教益，以及至今都深怀谢意的心境传达给大家。并对在世界各地从事儿童读物工作的各位表达敬意、表示感谢。或许在我的心中还住着一位小女孩，是她邀请我来到这儿的吧。""小女孩……邀请"这个表述让在场的许多人感触颇深。

接着皇后提到了现在仍在贫困和内战中挣扎的世界各地的孩子,"我们不该只把他们作为可怜的孩子,对这些孩子的不幸经历表示同情,更应该理解他们的悲伤和痛苦,用新的智慧把那些艰难生存下来的孩子们引导到日后的社会重建中去"。她希望大家继续关注这些不幸的孩子,说到此会场上响起了热烈的掌声。

当时的 IBBY 会长岛多代回忆:"一直只是象征性存在的皇后终于在我眼前变成一个血肉丰满、真实存在的人,这真是一个不可思议的体验。"①

1998 年在印度新德里大会之后,在东京儿童图书馆举办的 JBBY 会员的集会中,皇后带着还未成婚的女儿清子一同参会。因为只有参加过新德里大会的 JBBY 成员才能出席,我也请假出席了该次集会。

东京儿童图书馆是日本儿童文学的开山鼻祖——已故的石井桃子创建的私人图书馆,位于中野区江原町住宅区的一栋房子里。我穿过图书馆"故事之家"的小门进入会场。会场中皇后一行人已经坐在孩子们的座椅上了,图书馆理事长松冈

---

① 『バーセルより 子どもと本を結ぶ人たちへ』より。

享子正在讲《小谷迪奶奶》(英国儿童作家鲁思·安斯沃思的作品)的故事。故事会以点燃蜡烛开始，等到说"故事结束了"，大家吹灭蜡烛。这是让我们这些大人都感到愉快又兴奋的时刻。在大家其乐融融的笑声中，松冈为皇后送上了礼物"隐身衣"。

作为皇后"心灵相通的朋友"，她说道："请皇后穿上它，到自己喜欢的地方去。"当然松冈伸出的双手里没有任何东西。皇后故作郑重地从她手中接过了这个看不见的"隐身衣"，打趣地说："可能还有耳闻头巾 ① 吧。"我不由得想到，皇后是否真的不时在用"隐身衣"呢？

没想到 10 年后，"隐身衣"这个话题再度"登场"了。2007 年 5 月，在访问英国前夕举办的记者会上，皇后再度提及了"隐身衣"的故事。记者提出的问题是"在莎士比亚的作品《亨利五世》中，为了解平民的想法和感情，国王微服私访，和平民一起生活。如果两位陛下能在没有警卫的陪伴下隐藏身份过上一天平民的生活，请问两位陛下会去哪儿，会做些什么？"

皇后回答说：

---

① 聞き耳頭巾。根据日本民间故事，戴上这个头巾之后人能明白动物的语言。头巾是主人公挽救动物后得到的礼物。——译者注

　　说不定我的记忆有误，但我从大学图书馆里借过这本书，而且当时读了很长时间。亨利五世在英军的军营里不公开自己的身份，和路过的士兵攀谈，并从和他们的对话中得知了平民对国王的看法。这应该是你提问开头所说的那个场景吧。如果我有隐藏身份的机会，会去什么地方过一天，会做什么？对此我竟然无法想象。以前，在东京都的美术馆有我喜欢的展览时我会想去。但我听说仅仅是横穿车站，走到电梯处就必须安排相当规模的交通管制。一想到要让那么多的人为此驻足让路，我打消了念头。所以我想在那个时候能变成一个透明人走在人群中就好了。不过我觉得这和你提问中的"隐藏身份"的意思可能有所不同。

　　这让我想起参加东京儿童图书馆的聚会时馆长赠送的隐身衣。在日本的传说中隐身衣经常出现，只要穿上它别人就看不到自己了。如果我有隐身衣就不用换装也不用改一个假名了。皇宫警察和警视厅的各位可能会有些担心，会说请您当心啊。我会为了去看展览，在拥挤的车站里试着快步行走，然后会去学生时代经常去的神田和神保町的旧书店，想再花上很多时间站着看看书。

　　真是漂亮的回答。顺便说一下，当时天皇的回答也让人十分感动。天皇和皇后一样对隐藏身份没有太多兴趣，他说："皇后和我都无须隐藏身份，我身为天皇能被大家所接受，才是最让我感到幸福的。"这让我想起了那一年冬天在叶山海岸边，当地的人以及来游玩的市民和天皇夫妇一起观赏夕阳西下的富士山的一幕。当时皇后的表情看起来真的很开心，天皇想必也很开心吧。

皇后在记者会上有时会出人意料直率地表达自己的想法。在节目后期制作时，我对她的每一句话都仔细推敲，并反复倒带重复播放视频，同时思考节目需要改进之处。由此我想到，只有真正出自内心的话语才能与民众心心相通。皇后身为和歌的歌人、诗人、翻译家，留下了许多优秀作品；正是因为皇后的美丽心灵才能产生如此沁人心脾的美妙语言。

2013 年 12 月 3 日，访问印度的皇后在新德里的印度国际中心和 IBBY 的会员见面。15 年前委托皇后在新德里演讲的 IBBY 印度支部事务局长、童话作家玛诺拉玛·贾法和皇后见面的场景令人动容，皇后紧紧拥抱贾法并和她亲切握手。15 年前大会的主题是"通过儿童读物实现和平"。遗憾的是当时皇后未能成行，只能通过录像发表《儿童时代的读书回忆》的演讲。

贾法此时已经 81 岁，皇后也将步入 80 岁，两人如同姐妹一般谈笑风生。

　　以"连接孩子和书"为使命的人与人之间交往的故事，在此又增添了一个新的篇章。

18

皇后与养蚕

在皇居深处被绿色包围的红叶山里，有自明治^①时代起在历代皇后手上传承的养蚕所，养蚕也是历代皇后的工作之一。在皇室中养蚕的历史十分悠久，《日本书纪》中便有皇室养蚕的记述。

曾经一度中断的皇室养蚕传统是在昭宪皇太后的提议下于 1871 年重新恢复的。当时生丝是日本最大宗的出口产品。为了获得外汇，养蚕对于日本而言是极其重要的产业，因此昭宪皇太后希望借此表达对养蚕业的鼓励。自此，贞明皇后、

---

① 日本年号，1868~1912 年。——译者注

香淳皇后以及之后的历任皇后都会在宫中养蚕。

1990 年皇后美智子初次进入养蚕所。皇后一开始便没有对蚕宝宝表现出恐惧，而是拿在手里很自然地端详着它们。

皇后曾在 1998 年印度新德里 IBBY 的主题演讲中不经意间透露过其中的原因。在演讲中，皇后提到了自己的幼年生活。在战争期间，皇后迁居鹄沼、馆林等地，在第三个疏散地轻井泽迎来了日本战败的消息。

> 不断地搬家和转校对孩子而言是不小的负担，在不同的习俗和方言中生活，我感到十分困惑。乡下的生活让在城里时一直身体不大好的我变得十分健康。我会养蚕、除草，有时还会把老鹳草和日本落叶松晒干，然后各捆四公斤来完成我的定额任务。八公斤的干草我背不动，只好由妈妈帮着一路搬到学校。因为当时已经喝不到牛奶了，妈妈为了年幼的弟弟只好养起山羊，于是，照顾山羊和挤奶的工作便交给了我。

如果说皇后对轻井泽的回忆是除草、挤山羊奶、晒干草，那么对馆林的回忆便是养蚕。当时家人在院子里的桑树上养了十几头 ① 蚕宝宝，他们甚至会在夜里把蚕宝宝放在枕头边。在周围静

---

① 在日本，蚕是以头来计数的。——译者注

悄悄的时候可以听到蚕宝宝吃桑叶的声音，皇后十分喜欢可爱的蚕宝宝。

带着对少女时代的回忆，美智子从香淳皇后那里接任了在红叶山养蚕所的工作。不久之后皇后便向养蚕所的时任主任神户礼二郎先生请教有关蚕种小石丸的饲养情况。小石丸是从宽政①、文化②时期一直到明治年间长期繁育的日本国产蚕种。

在明治年间虽然小石丸丝质优良，但是因为它的蚕茧太小，而且中间凹进，在抽丝时线十分容易被扯断，因此不适合大量养殖。日后它渐渐让位给其他品种的蚕，在民间已经无人养殖，只剩下一部分在蚕丝试验场和皇居之中。昭和末年（20世纪80年代末）预测小石丸即将灭绝，所以，在皇居红叶山养蚕所中已经开始制作标本了。

皇后询问神户主任能否在下一年继续饲养小石丸。当时皇后说："听说它是纯正的日本种蚕，茧的形状也十分可爱，丝很纤细美丽。我想保留这样古老的品种，继续饲养小石丸。"由于皇后的努力小石丸才得以继续饲养，幸存下来的小石丸数年后在和皇室有渊源的正仓院贡品复原制作中发挥了重要的作用，而在这之前根本没有人想到要保

---

① 日本年号，1789~1801年。——译者注

② 日本年号，1804~1818年。——译者注

留这个品种。

在复原奈良时代 [①] 的纺织品，古代税制中"租庸调"的调——绫罗绸缎和绌 [②] 时，正仓院事务所碰到的最大难题便是1200 年前的丝织品使用的是细丝（约为现代蚕丝的一半粗），而这种蚕丝在日本已经停产了。就在事务所一筹莫展之际，他们得知在皇居的养蚕所中还保留着现存蚕种中和古代蚕种最接近的小石丸，事务所喜出望外，便联系红叶山养蚕所，在 1993 年提出"是否能让我们使用一下小石丸的丝"。

被精心养育的小石丸能帮助复原文化遗产，知道这个消息的皇后很高兴。饲养小石丸比一般的品种要麻烦，她在和主任商量之后决定减少既有其他品种的养殖，并大幅增产小石丸。之所以说麻烦是因为小石丸的个头小，和普通的蚕种相比，皇后和工作人员不能直接给它们喂食整片桑叶，必须把桑叶撕碎之后才能喂食。大规模饲养小石丸时使用的桑叶破碎机已经被遗弃，因此皇后和工作人员只能用手一点点将桑叶撕碎。在增产的第一年皇后还拿菜刀切桑叶，后来养蚕所里才重新使用破碎机。1994 年红

---

① 日本天皇迁都平城京（今奈良），开启了日本历史上知名的"奈良时代"，即710~794 年。——译者注

② 日本古代用于僧服的粗绸。——译者注

叶山养蚕所的小石丸增产了6~7倍，为正仓院事务所送去了48公斤的小石丸蚕丝。应正仓院的请求，皇后在此后15年间每年都会给他们送去40~50公斤的小石丸蚕丝。这可以说是"红叶山养蚕所的超级计划"。

在皇后的养蚕所里秋筱宫家的真子和佳子应该也会给奶奶帮忙吧。2002年在皇后生日之际回答记者提问的书面答复中她写道：

养蚕时需要在旋转蚕床上进行剥茧和捣茧等步骤，虽然我们只有两个人但都从不厌倦，因为在工作中有很多娱乐的成分。在敬宫长大之后，我们会三人一起玩耍，只要她们能帮上一点小忙就能增加我的很多乐趣。

在小学三年级社会科的课上，真子的老师布置了一个作业，让学生们去了解一下"长辈过去做过的手工劳动"。为此她问皇后有关养蚕的事情，对此皇后特意写了一封信回复她。

亲爱的真子：

在奶奶养蚕时，你经常和奶奶一起去红叶山的养蚕所。现在奶奶从事的养蚕工作，真子爷爷的太奶奶昭宪皇太后，爷爷的奶奶贞明皇后，以及爷爷的妈妈香淳皇后都做过，历经明治、大正①、昭和三个时代，把这项工作传给了奶奶。

对于养蚕的具体工作和工具等，她也用小孩子易于理解的语言做了说明，然后在信的结尾写道：

蚕并不是一开始就是这样的。要经过很长时间，人们才逐渐培育出能产出上好蚕丝的品种。蚕的祖先是在自然当中生长的，茧也很粗糙。人不能自己制造生物，但可以使野生的生物逐渐变得对人的生活更加有用。比如从大自然中的野鸟里，人类培育出了鸡，这个故事你爸爸和你说过吧。

有关蚕的起源"蚕神"的故事，真子应该读过了吧。奶奶有一些关于蚕的书，有机会想给真子看看。

其中有一本书的作者是女性，她在书中写了自己的经历，提到四年级时帮自己的奶奶养蚕的故事。书中的内容可能现在对你来说稍微有点难，等你上中学就可以读了。

之前你拜托我告诉你以前在家中使用的养蚕工具，但年末和正月没什么机会和你在一起，只能把自己想到的写封信寄给你。虽然现在还没有蚕宝宝，但如果你想再来看看养蚕所和里

---

① 日本年号，1912~1926年。——译者注

面的工具，我们随时欢迎。现在天气很冷，去滑雪的时候请注意保暖。

　　祝你开心，真子

　　　　　　　　　　　　　　　　奶奶

　　在学习院小学毕业时，真子在毕业文集里的文章中说自己的梦想是从事美术作品的修复和复原工作。这估计是她出于实际体验而表达的真实愿望吧。

　　敬宫爱子初次进入皇宫时穿的和服用了皇后认真养育的小石丸的丝线，秋筱宫家的新宫悠仁初次进入皇宫时穿的和服也用了这种丝线。蚕丝那纯净的白色，映衬着新生儿新宫的裹身和服烁烁发光。

19

丝绸结缘日法

——巴黎蚕展

2014 年春天，在法国巴黎的日本文化会馆举办了名为"蚕：皇室的养蚕史和古代裂 ①——日法丝绸交流"蚕展。从历代日本皇后养蚕的历史开始，一直到皇后美智子养蚕的故事，展览多层次地呈现了日本的丝绸文化和日法之间的丝绸交流。

在蚕展之前，还播放了皇后在皇居红叶山养蚕所喂蚕宝宝桑叶的视频，这让在场的许多人印象深刻，皇后开心养蚕的样子真是打动人心。我在看这段视频时也不由得想到："如

---

① 日本古代纺织品的遗存。——译者注

138

果皇后看到这个情景，是否能唤起她对少女时代养蚕经历的回忆呢？"

此次展览选择在法国举办其实还有其他原因。1872 年建成并开始运营的日本第一家机器缫丝厂——富冈制丝厂就由法国技师指导建设，其工厂的机器设备也是用法国的技术制造的。跟随法国技师学习缫丝技术的女工此后被派往全国各地，担任各地缫丝厂的技术指导，并成为日本生丝产业的中流砥柱。此外，从法国留学归来的留学生带回了更先进的染色技术，对明治时代日本的染织业发展做出了巨大贡献。2014 年 6 月，"富冈制丝厂和丝绸产业遗产群"正式列入联合国教科文组织的《世界遗产名录》，这是日本近代工业遗迹首次被认定为世界遗产。

此时刚刚入春，居住在巴黎的日本艺术家、皇后的朋友古贺理惠子（音译）造访了展览现场。

古贺理惠子告诉我她对展览活动的印象：

会场入口的正面有天皇夫妇的照片。看到他们我不由得挺了挺胸，在心中说着谢谢，下意识地合起了双手。

走入光线暗淡的会场，我感觉自己宛如置身于一个蚕茧之中，我在展厅中移动的路线和浏览展品的视线就好像看不见的丝一样缠在身上。

　　她离开日本定居巴黎后，已经在当地从事了 10 年的艺术活动。她的专业主要是刺绣，她认为在棉布上刺绣会使棉布有一种看不见的神秘力量，可以为主人祈祷和守护。

　　在东日本"3·11"大地震之后，古贺在巴黎举办了装置艺术展。主题是"The Tree of Life"（生命之树）。在巴黎市中心的公共菜园里立起了布制的"生命之树"。她带着为"3·11"大地震死难者镇魂祈福的心情完成展会作品。

　　古贺迷上刺绣源于年幼时在电视上看到女性"千人刺绣"①的场景。为了祈祷即将踏上战场的士兵平安归来，她们一针一针努力地在布上绣着，愿望、希望、悲伤、眼泪……在这块布上有着看不见的神秘力量。当时的日本人认为它有时候能引发奇迹，有挽救生命的力量，因此把它视作宝物。这么说来，国民学校②四年级的皇后，也曾被叫到车站为出征的士兵在布上刺绣。

　　古贺还说："蚕宝宝嘴里吐出丝是蚕的语言啊……皇后是否也听懂它们的语言了呢？我觉得皇后养育的小石丸的丝制作的衣服可能具有带来世界和平的力量。"

---

①　日本为即将上战场的士兵祈福的方法，由很多女性在一块布上刺绣来保佑士兵平安。在日本侵华战争期间，这种方式助长了士兵的侵略气焰，起了负面作用。——译者注

②　在二战之后，为了适应整体战需要而设立的进行初等、中等教育的机构。——译者注

　　在会场中有许多外国人盯着解说词和橱窗看得入迷。有关蚕的一生从卵的孵化、结茧、吐丝到蜕皮化蛹为成虫的影像以及反映皇后在养蚕所劳动的视频也极受法国人的欢迎，他们给主办方写下了许多自己的感想。我通过采访宫内厅了解到许多参观者的感言。

　　"日本皇室在悠久的历史中，从事着欧洲王室从没做过的平凡工作，对此，我们十分惊讶并表示敬意。此次展览带我们游历了丝绸生产的传统国家，谢谢你们"，"我们看到了皇后亲自养蚕的样子，了解到在那里生产的生丝被用于正仓院文化遗产复原的故事。古老的传统并非仅仅传统，在 21 世纪的今天仍然能继续保留这种传统，这真是太好了"……

　　蚕、丝及丝绸将日本和法国联系在一起。皇后美智子对养蚕寄托的深情厚谊确实触动了法国人的心弦。

　　皇后曾经写过一首有关养蚕的和歌：

　　薄茧映生蚕

　　忽顿憨

　　丝脉绵绵亦催倦

20

着装之美

　　皇后的着装体现着国家的风貌，因此无论在公众场合还是私人领域都会受到人们的瞩目。因为职业关系，我总是习惯从图像学研究的角度审视她的穿着。

　　皇后一直根据 time（时间）、place（场所）、occasion（场合）精心选用服装。我也一直想从中读懂皇后在穿着方面隐含的内心世界是怎样的。

　　"虽然服装是着装者本人的身外之物，但是它可以展现出着装者的审美和生活情趣。皇后原本是属于文静、克制类型的人，但皇后在需要出现的公开场合中，她给人的印象却是华丽、高雅的。有人喜欢'朴素'的服装，也有人喜欢'奢华'

的服饰，大家品味不一。皇后平常十分朴素，从不奢侈浪费。碰到重要场合时，皇后也能很自然地穿上得体的服装出现在众人面前。"

植田伊都子成长在熊本的自然环境中，从小热爱绘画。在战争结束后，她带着渴望美好事物的心境来到东京，先后在桑泽设计研究所和文化学院学习服装设计。她决定走上设计师的道路是在前往憧憬的欧洲旅行时，在周围全是西洋美术作品的环境之中反而让植田开始思考什么是日本的传统。

"我希望守护日本出色的审美传统……我要立足于我出生和成长的这片土地，对这个国度的风土人情有一个确切的理解。然后再修正我的路线图。正像我在日本西部寻求与静谧的佛像对话，在日本北部造访从事绸缎、染料生产的地方那样，日后一有闲暇我就会出去旅行。"[①]

皇后和植田的相遇要追溯到 1976 年，她还是皇太子妃的时候。当时，美智子略带犹豫地提出："可能让你意外，我在公开场合的活动中要换很多种姿势，因此请让我的衣服能方便活动一些。"

植田通过电视画面研究了美智子的动作。在医院和老人院中美智子会在病床边蹲下，在访问灾区的时候她会以跪坐

---

① 植田いつ子著『布・ひと・出逢い』より要約。

的姿势与人交谈。

因此美智子深感自己的服装在具备美感的同时还必须方便活动。

日本电视台的图书馆里有美智子在访问富山县时在公园以及幼儿园与孩子们一起开心地跑步的录像。还有两三分钟就要出发，但孩子们想和皇后一起看一个恐龙模型，而要去看模型的地方并不在附近，所以侍从看着时间提醒她。于是，美智子问孩子们"跑着去吗？""跑吧！"孩子们应声答道。他们手拉手开始跑了起来。顺便提到，在和美智子一起跑步的孩子里有日后成为日本国家足球队队员的柳泽敦。

天皇夫妇在访问长崎时恰逢下雨。在离原子弹爆炸死难者慰灵碑数米远的地方，他们合上了雨伞，冒着雨为纪念碑献花并敬礼。

既可与孩子一起跑步，又要具备一定防水功能。皇后需要的是这样的衣服。

让人印象深刻的是，在皇后的服装中融入了传统的和服制作技艺，其中之一便是晕染。据植田说，她根据自己对和服图案的感觉选择颜色，首先设计礼服的外形，在决定晕染的部位之后再染色、刺绣。

此外她还选用了佐贺锦和匹田绞面料，并将精织的绸缎用于大礼服。皇后的服装制作运用了日本传统技艺，因此皇后的着装在海外也得到了极高的评价。

　　将佐贺锦用到西服上并非植田的原创。在植田和中村乃武夫都还未给皇后工作的昭和30年代①，皇后请当时皇室御用设计师越水金治，让他为自己制作了第一号作品。礼服虽没有使用亮片和宝石却有着自己的光泽，原来是因为使用了佐贺锦。当时佐贺锦一般用于与女性和服搭配的手包的制作中，偶尔也会作为和服补花的一部分，皇后居然想到把它用到晚礼服上。野村静枝受此重托，用一直以来只作为和服手包材料的佐贺锦制作一套晚礼服。此后野村家两代人都为皇后制作晚礼服。越水因为上了年纪，在得到皇后允诺后愉快地把自己的技艺传授给了植田。皇后十分感念越水的辛勤付出，在进入平成②年代之后举办的"迎来古稀的天皇和皇后美智子"展览中就展出了越水先生制作的晚礼服。皇后曾穿着这套晚礼服参加了1975年尼泊尔国王的加冕典礼，这套礼服在日本丝绸的面料上配上了大朵的菊花③，显得异常美丽。

　　1960年访美是美智子在成婚后首次出访。据皇室长者的安排，皇后去皇室经常光顾的一家外国人开的制帽店定制几顶帽子。当问到用什么面料时，皇后出示了手边一条美丽的手

①　即1955~1964年。——译者注
②　1989年，明仁即皇位，美智子为皇后。日本改国号为平成。——译者注
③　菊花为日本皇室的家纹。——译者注

帕，表示希望用类似这样的日本面料。那是日本战后复兴达到巅峰之前的事，是日本追赶欧美各国的时代。那时对于日本的传统制品总会评价过低，而童年时在日本多地成长并见过许多民间手工工艺的皇后，希望自己的服饰更多体现本民族的传统。

植田自为皇后设计服装以来，一贯抱着"为皇后设计出独特风格"的愿望进行构思。对于着装颇有心得的美智子和希望全力制作精品服饰的植田在审美上表现出惊人的一致。

1987 年 10 月美智子访美之际穿的以佐贺锦制作的晚礼服上就配有象征美国和日本友好的花水木花 ①。饱含深意的服饰可以超越语言，向对方传达自己的心情。当时的主人里根总统夫人身穿深红色裙子。皇后纯白色的礼服与里根夫人深红色的长裙交相辉映。

1990 年在纽约的国际最佳着装评审委员会的投票评选中，评委会在评价皇后的着装时说："日本的皇后在还是皇太子妃的时候，便非常懂得着装，她有着非比寻常的美感，因此广受瞩目，国际服装界把她称为国际珍宝（International Treasure）。"

评审委员会由时尚界的优秀编辑和专家构成，在全世界范围内，每年会评选出获最佳着装奖的男女共 12 人。1990

---

① 原产北美。——译者注

年，在大会成立 50 周年的评选中皇后获奖。这是她自 1985
年、1988 年以来第三次获奖。对皇后着装的好评并不只是着
装本身，还有和服装一同向世人展现的她在国际舞台上的活
跃、她的细心，以及她深厚的教养和丰富的审美观等。

服装包裹着的是着装者的身体和心灵。在获得最佳着装奖
之际，委员会所说的"非比寻常的美感"的原文是"exquisite"，
在英语中除了优美的意思之外，还有一切都很完美的意思。在
前文提到的塞尔瓦·罗斯福的著作中，也用了同样的词语形容
皇后，"皇太子妃美智子太完美了"。

在服装背后的是皇后那颗美丽的心灵，心灵之美才让她
如此光彩照人。

在整理本章稿件的时候，我收到了植田女士逝世的讣告。
就在不久之前一直为皇后制作帽子的平田晓夫先生也去世了。
本章提到的中村乃武夫和用佐贺锦为皇后制衣的野村也都已
不在人世。对此皇后一定会备觉感伤吧。

21
和歌之韵传远方

　　皇后在艺术的各个领域都有精彩的表现，特别是在作为皇族修养所必需的和歌上，皇后是著名的和歌歌人。

　　我身为关于皇后的报道记者当然最希望和她直接对话，但是记者单独采访皇后是不可能的，因此在提及皇后的心声时经常引用她创作的和歌。在考虑节目构成时我们也会参考皇后的和歌作品集，比如画面上在播放逗小孩玩的年轻美智子的影像时应该用哪一首和歌呢？哪一首和歌能被大家喜爱而留在记忆当中呢？我们时常思考这样的问题。

　　皇后在皇室的歌会始上朗诵的和歌全部收录在了皇太子同

太子妃殿下和歌集《灯火》以及皇后陛下和歌集《濑音》两本歌集中，这两本书早已被我翻烂。在制作节目时我会一页页地翻看，有时候会被与主题无关的和歌吸引，有时候会停不下来一直阅读；虽然我对和歌并不太感兴趣，但皇后的和歌总能触动我。

美智子从小便十分喜欢读书，对和歌开始产生兴趣是在她小学五年级的时候。日本战败那年，在疏散区她创作了一首和歌：

隐绰看云烟

菜花艳

涂抹山边金点点

她开始正式学习和歌是在 24 岁将成为皇太子妃时。当时宫内厅的授课科目之一便是和歌。她的老师是歌人五岛美代子，她是当时教授皇太子和歌的五岛茂的夫人。

五岛美代子谈到初次和正田美智子见面的印象时说："虽然我被她的魅力所征服，但我还是控制住了自己的这种心态，转而用严肃的口吻对她讲话。""创作和歌不需要矫饰。无论是羞愧还是痛苦，只需保留真实的自我，抱着把自己袒露在神面前的态度去写和歌。忘掉自己的身份，不要想着写出大家都喜欢的和歌，应该带着在神面前忏悔自己丑陋之处的心情去创作。"[1]

授课时间合计 20 小时，其间还要穿插参加宫中歌会的技巧等，因此老师也必须认真备课。美代子希望美智子"一日一首，坚持百日"，把这些和歌写下来，在结婚的时候作为嫁妆带上。

"你的嫁妆都是父母或宫中的人在打点吧，把和歌当作自己的嫁妆。"这真是最好的嫁妆了。五岛美代子所说的和歌创作心得也是很好的教诲，不仅是对于和歌，可以说是对于所有艺术创作都需要有的感悟。

> 光彩耀群芳
>
> 学不辍
>
> 瑞丽脸庞专注样

这是在授课期间五岛美代子创作的和歌。美智子认真遵从了美代子的教诲，在结婚前完成了一百首和歌作为自己的嫁妆。师徒关系在此后保持了 17 年，其中没有矫柔造作，只有一丝不苟，这种关系维持到美代子去世。

---

① 『花時計　五島美代子エッセイ集』。

君赠吾桑果

掌心握

何其重灵犀评说

这首和歌是《濑音》的第一首，它是 1959 年美智子成婚
当年创作的。诗中充满了新婚的喜悦，每次读到这首和歌都能
让人觉得幸福。

将日本皇室的歌会始介绍到全世界并为此著书的白百合
女子大学教授玛丽·菲洛美努说："我感到了日本皇室和国民
之间，在这样优雅层次上的儒雅交流。"（《产经新闻》1990
年 10 月 17 日）下面我就以皇后最近的和歌为例，说一说她
和国民通过和歌交流的故事。

宇宙黯幽渺

炫目处

碧绿相辉地球草

这是宇航员若田光一 2000 年在宇宙飞行中从航天飞机向
地球发送的和歌。他回应的是 1997 年的歌会始上皇后创作的
和歌，当年的主题是"姿"。

平成皇后美智子

　　　身系生命线

　　　天地间

　　　归君唯识地球蓝

　　若田的和歌正是对这首和歌的回应。若田读过皇后的
和歌，他对皇后对他们的关心十分感谢，还对"生命线"
一词十分感动；他希望哪天可以在宇宙里作一首和歌，让
日本的传统文艺与浩瀚的宇宙相会——真可谓无比浪漫之举。

　　五岛美代子在随笔中写道："在结婚后不忘和歌创作的幸福女
性终成人母，看到她看着自己孩子的脸庞，好像是彻底忘记了和
歌创作。她是因为太忙吗，还是因为过于感动，以至于无法用语
言表达自己的心情。这便是女性作家的第二个危机。"她十分担心
刚刚生产后的美智子的情况。当时美智子在产后 7 个月便要和皇
太子一道访问美国，她根本就没有时间回味身为母亲的喜悦。但
在这期间她创作的一首和歌此后深深地留在许多日本母亲的心中。

　　　赐子纳于臂

　　　胜至宝

　　　敬天爱人吾知晓

歌人冈井隆选取了战后 50 年的百首和歌编成《现代百人

一首》，其中就有皇后的作品：

> 吾儿加冠仪 [1]
>
> 剪声响 [2]
>
> 诞生时节二月里 [3]

这是纪念浩宫加冠仪的和歌。编者说："太子妃美智子的和歌语言紧凑，她的想法不带矫饰，有适度的紧张感。"正如五岛美代子的教诲一般，这是皇后不断磨砺的结果。

皇后还创作了许多其他优美的和歌，以家庭为题材的和歌尤为让人印象深刻。不夸张地说，每次读来都会让人流泪。

> 离别揩无泪
>
> 母不语
>
> 落芬思绪销人悴

---

① 加冠仪的概念出典《礼记》冠义。日本于 682 年实行男子结发戴冠制度，以示成人。714 年，圣武天皇于 14 岁时举办加冠仪式，而后在民间得以普及，被称作"元服"等。现今，举办仪式的年龄一般在 11~20 岁。皇太子时代的德仁天皇的加冠仪式在 1980 年 2 月 23 日举行。当时，满 20 岁的皇太子头戴天皇亲赠的皇族专用的"燕尾缨"，身着平安时代的画卷中经常出现的贵族服饰莅临。

② 剪开冠带的声响。

③ 德仁天皇 1959 年 2 月 23 日出生。

这是在 1978 年歌会始上皇后咏唱的和歌，当年的主题是"母亲"。菲洛美努教授以这首和歌为例，说明皇室和国民之间如何通过和歌进行优雅的交流。在此和歌发布后的 2 月，"朝日歌坛"的入选和歌中有这么一首：

> 重续和歌结
>
> 将诗吟
>
> 感美智子妃之心

——1979 年棚田惠子拜读美智子皇妃和歌有感

这首和歌的作者是棚田惠子。评委宫柊二在"歌评"栏目上说："（被东宫妃殿下的和歌）感动的作者在'鼓励 30 年来远离和歌创作的自己'。"

22

传统文化的守护者

　　天皇夫妇分别在就读国民学校六年级和五年级时迎来了日本战败。守护日本战后的和平，让日本成为富于文化传承的国家，是他们所追求的崇高理想。他们十分珍视日本传统文化并一直身体力行，给予支持。回顾他们过往的活动便可以对此有所了解。

　　2009 年 4 月 27 日，天皇夫妇参观了在东京艺术大学举办的名为"尼门迹寺院的世界"的展览。展览以"皇女的信仰和御所文化"为副标题，展示了有关宫中女性的文化和历史。

　　尼门迹寺院是由皇族、公家（有官位的皇亲贵族）的女子代代担任住持的寺院，现在在京都和奈良尚存 13 处。

日本皇室在 1300 年间和佛教保持着密切的联系。但是进入明治年间之后，皇族被禁止出家，因此尼门迹寺院失去了皇室的加持。此外废佛毁释运动对寺院造成破坏，二战后的土地改革没收了作为尼门迹寺院的主要收入来源——土地。尼门迹寺院和普通的寺院不同，不传经讲法，也不对一般信徒开放，因此陷入了贫困。对此难以坐视不管的明治天皇和昭宪皇太后都曾经伸出援手。

哥伦比亚大学教授芭芭拉·鲁修是此次展览的主办者之一，她说这些门迹的尼僧"是宗教家，也是在美术、文学上造诣深厚，具有教养的女性，她们在世界范围内都十分罕见"。为了使这种无与伦比的佛教文化流传后世，皇后伸出援手，帮助维持、保存门迹寺院传承的文化遗产。皇后不仅是她们精神上的支柱，也在物质上给予她们很多支持，将自己唯一能自由动用的个人财产——著书版税的一部分捐赠给了此次展览。

芭芭拉·鲁修毕业于哈佛大学、宾夕法尼亚大学，并在哥伦比亚大学获得日本中世文学研究的博士学位。1968 年她在宾夕法尼亚大学创立了"中世日本研究所"，出任所长；1986 年该研究所迁到哥伦比亚大学。2003 年，她又在京都成立了作为该研究所姊妹机构的"中世日本研究所女性佛教文化史研究中心"，成为全世界范围内立志于研究女性和佛教关系的青年学者与从事古都保护、传承女性佛教文化的尼僧的基地，同时也是门迹寺院的尼僧之间沟通的桥梁。两个研究部门至今已经承担多个研究项目的运作。鲁修本人也对 13 世纪京都宝慈院女僧无外如大尼进行了深入研究，在研究过程中她发现门迹寺院的建筑多有损毁，其中保存的文化遗产的老化问题也十分严重。1990 年她获得了门迹寺院中规格最高的京都大圣寺花山院慈薰的许可，对这些寺院保存的美术品开始进行调查。"这里堆积着历经数世纪风霜的贵重资料和宝物……是小而美的百宝箱。"因为门迹寺院是只允许女性居住的场所，因此它们的存在在过去数百年间被男性研究者和官方所忽视、遗忘。有不少寺院收藏的美术品，如果不赶紧修复就无法复原了。2000 年 9 月，文化厅在月报上提及此事，还引用了鲁修的话说："幸运的是研究所得到了皇后的鼓励，她为文物修复工作而呼吁，并给予我们以直接的支援，让我们感到无比荣幸。多亏了世界文化遗产机构理事长平山郁夫先生的介绍和他的智慧，让皇后了解到此事。皇后十分忧心尼门迹寺的未来。今年开始我们中世日本研究所美术品调查小组应寺院方面的要求，逐步开展对尼门迹寺的宝物进行修复和保护的调查并提供支援。"

本章开头提及的"尼门迹寺院的世界"展览的举办是在文化厅月报发表的 9 年之后。当天，皇后穿着高雅朴素的和服来到现场，和天皇一同热心地观看了展览。展览展示了现存的 13 处尼门迹寺院中的近 200 件宝物。经过漫长的岁月，有些宝物损毁严重，但在得到援助之后已被精心地修复。经过修复之后的书画，佛事用的席子、佛像、人偶以及其他法器等物品均在展会中陈列展示。

在一个角落里，以"皇女的教养和玩具"为题的展品中展出了做工精细的香道^①道具，此外还有合贝^②等多种游戏用具。有的游戏纸牌上画着花、鸟，以及名胜，其用色和图案均令人赏心悦目。我观赏之后猜想，现代日本的游戏文化与《源氏物语》双陆和男子一代出世竞双陆^③等传统游戏是否有什么渊源呢？

鲁修饱含深情地告诉大家自己和最尊敬的京都大圣寺已故的花山院慈薰门迹的故事。受战后土地改革的影响，对失去大多数收入来源的门迹寺院而言，这一时期是"最黑暗的日子"（darkest days）。那时尼僧甚至不得不在二条城展出

----

① 日本传统艺术，依一定的礼法焚香，鉴赏香气。——译者注

② 日本古代的贵族游戏，比较贝壳的色泽、图案美感和珍贵程度，还会就贝壳为题进行和歌比赛。——译者注

③ 双陆是中国古代一种棋盘游戏，自唐以迄宋，元代曾风靡一时，一直到清朝中叶时失传。相传是三国曹魏宗室曹植所引进"波罗塞戏"再糅合六博而创出。棋子的移动以掷骰子的点数决定，首位把所有棋子移离棋盘的玩家可获得胜利。双陆在公元 7 世纪左右传入日本，平安时代至江户时代皆十分盛行，二战后衰退。——译者注

菊花玩偶的会场中捡菊花的花瓣为食。身为宝镜寺的门迹花山院（芭芭拉带着敬意将她称为"Gozen sama"御禅样）在穷途末路时想到了"人偶展"这个主意。数年之后，访问京都的年轻皇太子妃美智子来找她，希望看一看这些传统人偶。以此为开端，许多游客闻风而来，寺院得以渡过难关。以前，历代皇女进山修行后，每当女儿节时，宫中都会送来十分有价值的玩偶。可是，战后一个时期，日本的传统难以被世人关注，因此，对于美智子的到访她们感激涕零，这也成了寺院复兴的契机。一提到花山院的这段历史，鲁修眼里充满热泪。

此后，在历经昭和、平成的较长时间里，皇后一直关心着尼门迹寺院。她还造访了奈良的法华寺、园照寺、中宫寺等，有时会带着纪宫一起到访。美智子正是在访问寺院的过程中认识了鲁修教授。鲁修"希望提升国内、国际对尼门迹寺院的关注，并在日本史中正确评价那些优秀的女性"。皇后也认为她们对于日本文化的历史和日本女性史而言是很重要的财富。皇后持续关注鲁修的研究计划，特别是相关文化遗产的修复活动，并表示她尽其可能地支持他们的研究。鲁修说："皇后对门迹尼僧讲：'总觉得这是天皇的堂姐妹、表姐妹的事情'，所以一直温情地关注着。对我的工作也给予支持。"1990 年第一届南方熊楠奖颁给了鲁修以褒奖她勤勤恳恳的研究工作。此外日本文化中心的首任所长唐纳德·基恩对鲁修作为中世日本研究所所长的功绩以及作为国立文学研究所资料馆外国研究员的工作表示肯定。她获得了日本的三等宝冠章,还获得了第七届青山奈绪(音译)女性史奖的特别奖。花山院住持后来从宝镜寺晋升到了京都六寺中等级最高的大圣寺并成为门迹。她在90多岁时仍在履行自己的职务,在晚年时她一直以来的愿望得以实现,天皇夫妇访问了她所在的寺院。

当天,在兴致勃勃地对精美的展品进行讲解的鲁修的身旁,皇后不时点头并仔细观赏。这位才能卓越、独具慧眼的美国女性为尘封的皇室尼僧史打开了一扇门,将与皇室渊源深厚的尼僧跨越千年的精神历史呈现给世人,对她的努力皇后一定心存感激。关于自己给她们的帮助,皇后从来没和他人提过。即使在直接接受皇后援助的寺院里不少人根本不知道是皇后一直以来给她们提供支援,在展览会场上也没有任何说明提及皇后的支持。但是在漫长的岁月中,鲁修从皇后那里得到的帮助和资金支持一定不少,这从当天鲁修热情的举动中就可以看出。

似乎皇后的关注点总是在历史文化方面,其实皇后对自然也十分感兴趣,和生物学家天皇的婚姻更是促进了她对自然的关心。皇后总笑着把"我是在田野长大的孩子"挂在嘴边,她小时候经常在院子里、田野上玩耍,还和大自己三岁的哥哥以及其他家人一起在避暑胜地度过暑假，并邀请比自己大的表姐妹、堂姐妹一起采集昆虫，从中认识了很多昆虫。在战后的夏天她在轻井泽从母亲富美子那里学到了各种野花的名字，她还十分喜欢父亲英三郎书架上寺田寅彦的随笔。

这里要提到几本既面向海外也适合日本学生和年轻人的科学读物。由科学家猿桥胜子等不同专业的 5 名科学家编写的 *My Life*：*Twenty Japanese Women Scientists* 这本英文书，介绍了过去曾经获得猿桥奖的 20 名优秀女性科学家的生平故事。这本书的出版得到了皇后的援助，在该书的"致谢"（Acknowledgement）中提到，这本书是在皇后和猿桥女士的合作之下完成的。猿桥女士是战后日本女性科学家的先锋，她为了鼓励和自己一样从事科学研究的女性并表彰她们的研究成果，将自己从气象研究所退休时获得的祝贺金全部捐出，成立了"给女性科学家光明未来之会"，并设立了"猿桥奖"。皇后将能自由支配的个人财产即版税的一部分捐给了该会，因此结识了猿桥。猿桥向皇后表示希望将获得过猿桥奖的女性科学家的事迹告诉全世界，皇后当场答应她，为她的丛书设立基金，在皇后的支持下该书终于在 2001 年出版了。

同一时期，日本还有另一个女性科学家小组，即由文化人类学家原裕子（音译）担任会长的"关于改善女性科学研究者环境的恳谈会"。皇后也捐出同等金额的款项资助该会。恳谈会对此备受鼓舞，原女士和心理学家岩男寿美子等人成立了由基础工学、物理学等男女 7 位科学家组成的执行委员会，他们在了解皇后想法的同时，还和她商量最有效的捐款用途。最终他们的结论和猿桥一样，将捐款用在了能给广大读者进行科普的大众读物上。2001 年讲述 10 名先驱女性科学家和支持她们的 4 名男科学家故事的《科学的心——日本的女性科学家们》一书出版了。在"致谢"中编者写道：

　　皇后常年陪伴身为生物学家的天皇，通过天皇的研究以及和国内外科学家的交流，并通过寺田寅彦、中谷宇吉郎、萨维尔·勒·皮雄等人的著作，爱上了科学世界。此书的出版费用来源于皇后捐赠的其著作版税的一部分。皇后希望让青少年们了解日本的女性科学家的人生历程。本书按照她的意愿编纂而成。此外，皇后还提到目前女性科学家人数还很少，社会接受度不高。此时，一些男科学家站了出来，他们既是女性科学家的共同合作研究者又是她们的守护者，皇后对此表示关注。此书介绍了科学研究中男女合作的内容。皇后希望我们聚焦于女性科学家，将她们的世界和青少年们分享，对皇后的帮助我们从心底里表示感谢。

　　　　　　　　《向青少年介绍科学家的成才之路》执行委员会

此外，皇后希望出版方务必将 *My Life* 一书中所介绍的20人中没有涉及的猿桥胜子的故事收入该书。读者通过猿桥的事迹才知道，早在1950年代猿桥便意识到放射性物质的污染问题，为世人敲响了警钟；了解到谙熟她的恩师、中央气象台的三宅泰雄等对待男女学生，并进行出色指导。这本由日本生态（JAPAN ECHO）出版的书在2007年新增4名女性科学家的故事，由日刊工业新闻社再版。当时在新增4人中有日本女性中的首位约翰斯·霍普金斯大学教授、免疫学家石坂照子，皇后对她做了特别推介。石坂长期在美国从事研究，回到日本后就病倒了，被迫开始疗养，因此在该书初版时她没能进入编委会的视野。关于她的报道是由免疫学界泰斗、文化勋章获奖者、她的丈夫公成先生饱含爱意写就的。石坂在疗养院看到了这篇报道。据说公成先生在床头慢慢地为照子朗读了自己写的这篇文章。"她微微点头领会他的爱意。"

对于海外的任何重要的文化活动，只要联系到皇后，她都会伸出援手。其中一例便是关于英国欧佩藏品（The Opie Collection）的募捐。英国人彼得·欧佩和妻子艾欧娜·欧佩手头有收集的民间童谣等与儿童文化相关的大量藏品，在彼得逝世后，这些藏品陷入无人管理的危机。当时英国以查尔斯王子为后援，许多政治家、出版业者、儿童作家以及著名的赞助人士一起将藏品一次性买断，之后为了将藏品安置于牛津大学的博德利图书馆而开始向全社会募捐。募捐的目标金额过大，因此相关人士希望也从海外募集。募捐的负责人之一是皇后大学时代的恩师奥利阿里女士，皇后收到了她寄来的希望协助促成筹款事宜的书函。当时，皇后通过《牛津民间童谣集》得知了欧佩的事迹。皇后对一国的文化遗产流失一事十分关心，但身为日本皇后她又不能直接参与募捐活动，因此她委托和 IBBY 有往来的原文部大臣永井道雄，自己的英语文学老师、《鹅妈妈》的译者平野敬一以及在英国威尔士地区拥有工厂、在当地有深厚人脉、美国索尼公司的名誉董事长盛田昭夫等三人联手推进募捐活动。当时正逢日本泡沫经济时代，皇后不希望给人留下富国日本单单用撒钱的方式完成募捐的印象。三人在协商之后提出不拘泥于募集资金，更应向全社会呼吁对欧佩的募捐主旨抱有同感的人们参与此次活动。

JBBY 的会长猪熊叶子此后在信中写道："皇后希望募捐项目尽可能由日本国内和英国联系密切的人士负责操作。希望此次活动能成为日英友好的又一个例证。还希望了解欧佩藏品价值，不愿让其散失的人们都参与其中。这样来自日本的捐款才是充分理解活动意义的人士出自真心的帮助。募捐项目最后按她希望的方式完成了。"事实上，虽然由索尼公司牵头，一些大型出版社在其中确实出了很多钱，但是个人和其他的大小团体也为此次活动进行了捐款，特别是那些对英国抱有好感的人士和机构，例如作家、学者，以及图书馆、故事研究会、幼儿园、儿童合唱团等。这些人士和机构的捐款金额虽然不大，但是让活动的效果超过了预期。最后捐款达到了目标金额，所有的藏品平安进入博德利图书馆。《欧佩藏品故事》的作者 G.阿维利女士特别强调说此次活动从日本得到了许多充满善意的支持。

此后，皇后收到了牛津大学校长和查尔斯殿下的感谢信，对此皇后回信中说对珍贵的藏品没有散失而留在英国表示祝贺，她说自己其实没做什么，而是把此事委托给了上述三人，真正应该感谢的是他们。

西班牙萨拉曼卡大教堂里有一台 16 世纪制作、古老已不能发出声音的管风琴。但这台已经成为化石的管风琴居然由日本的风琴制作师辻宏先生修复成功，再度恢复生命，发出了音响。在这背后也有皇后长期的支持，辻先生在生前便十分感激皇后。这个故事我在第 2 章已经提及。当时皇后和纪宫一起访问了岐阜县人烟稀少的白川町黑川的辻先生的工作室。皇后从辻先生那里听说了他希望修复萨拉曼卡管风琴的夙愿，从那以后，皇后一直在精神上支持他。和欧佩藏品募捐活动一样，皇后期待社会上能出现与辻先生有共同想法的人来援助他，她和辻先生夫妇一同祈祷这一天的到来。此后，一个十分赞同辻先生想法的德国风琴家在同皇后会面后表达了对辻先生的支持，他们在三得利大厅举办了慈善音乐会。另外在曾经于萨拉曼卡大学学习的原驻西班牙大使林屋永吉的热心帮助下，这项活动得到了很多西班牙风琴爱好者，尤其是管风琴爱好者的资助，终于筹集到修复所需的资金，辻先生夫妇得以启程前往萨拉曼卡。让人吃惊的是，此时的资金不过仅够支持夫妇二人逗留在西班牙的费用，辻先生夫妇二人的一切劳务都是免费的。教堂方面的人士一开始拒绝将国宝级的风琴交给日本人修复，在得知辻先生在各地从事风琴修复和风琴制造的事迹之后，才允许辻先生修复。长达 8 个月的艰难的修复工作终于在 1990 年 3 月 21 日完成。这是一项了不起的成就。在修复的过程中，西班牙的国营电视台和 NHK 联合播放了 2 小时的特别节目，并在西班牙语文化圈内各国的卫星电视同时播出。在夙愿得以实现之后，辻先生饱含深情地对皇后的支持表示谢意，这与其说是支持不如说是他们友谊的见证。这份友谊让辻先生夫妇能在异国他乡挑战一项难度极高的工作任务，想必皇后的鼓励对他们而言是极大的精神支柱。1994 年天皇夫妇访问西班牙时，国王胡安·卡洛斯在正式晚宴的演讲中提到了萨拉曼卡教堂管风琴修复一事，对皇后在此事中提供的支持深表感谢。

　　1994 年，在辻风琴工作室所在的岐阜县，当地民众期待已久的音乐厅终于建成。音乐厅有三栋大楼，当地民众为了纪念辻先生为国际文化事业做出的贡献，将第三栋楼命名为萨拉曼卡大厅。辻先生接受全县的委托，建造了一台萨拉曼卡管风琴的复制品，在大厅的正面分别有萨拉曼卡大学和萨拉曼卡大教堂建筑物的石刻浮雕。

　　皇后一直支援对国际文化事业做出贡献的人，这使她与辻先生夫妇建立起深厚的友谊。皇后的爱大多是以"支援"的方式表达的。

23

致悲伤的人

　　在昭和年间，皇后曾说，"希望皇室祈祷"，"对某一事、某个事态如何理解并进行最佳的决策是国家的智慧，皇室只需要一心对此事祈祷，希望'好起来'，就是在履行自己的使命"。[①]

　　皇后在 1995 年生日的书面答词中写道："和人的一生一样，国家的历史中也是悲喜交加的，无论什么时候皇室都需要和国民在一起，我认为这也是天皇的旨意。"

　　天皇夫妇为国民幸福祈愿的心情，对于正处于苦难中的

---

　　①　『皇太子殿下皇太子妃殿下御結婚二十年』。

人们而言表现得更为明显。1991 年 6 月的云仙普贤岳火山喷发引发了火山碎屑流。天皇夫妇飞赴灾区探望灾民。1993 年 7 月北海道西南海域发生地震，受灾区条件的限制，天皇夫妇只好乘坐飞机前往当地，又换乘直升机在受灾地区的空中盘旋，以示探望。

1995 年 1 月 17 日，阪神淡路发生了大地震。早上 6 点从新闻中得知灾情的天皇夫妇立即取消了原定在叶山御用别墅的休假，以及 2 月底之前参加研究会和展览会活动的计划。皇后在当天午后从日本红十字会处接到了报告，到傍晚 5 点，天皇夫妇叫来了宫内厅长官，表达了希望访问灾区的意愿。

在得知灾区的受灾状况后，皇后首先关心"灾区人民的心理治疗"，就此咨询了精神科医生土居健郎先生的意见。现在被视为理所当然的心理治疗在当时还是不广为人知的领域。皇后凭着女性特有的直觉，认为在物资援助之外，还需要关注灾区人民的精神健康状况，抚慰他们孤独的心灵，帮助他们渡过难关。

两个星期后灾区的状况稍微稳定下来。1 月 31 日，天皇夫妇搭乘自卫队的飞机，再转乘直升机，然后换乘巴士前往灾区。他们握着灾民的手，和每一个灾民打招呼。在远处有灾民呼唤着："皇后啊，皇后……"他们看到温柔的皇后，大声呼唤着她。皇后真挚地回应了灾民的呼唤，这个场景同令人痛心的受灾现场交融，深深地印在了每一个人的心里。

皇后还给灾民送去了小小的花束，大概是她亲手从御所中摘来的花。在返程的时候，坐在巴士里的天皇夫妇挥着手向目送他们的灾民告别。灾民因为天皇夫妇的探望，感觉心安了许多。当时皇后带去的花是日本水仙，现在在她献花地方（神户市长田区）的街灯已经换上了水仙花的设计，市民们十分感念当时皇后对他们所做的一切。

在当年生日的书面答词中，皇后还说：

> 在难以名状的受灾现场，灾民们展现的积极应对和相互间的同情深深地打动了我。现在他们仍在忍耐着生活中的各种不便。在经过一段时间之后，我希望灾民们心灵的伤痕多少得到一些治愈，我会继续关心灾区今后的状况。

受灾期间，举办了以"致复兴的街市"为题的音乐会；音乐会表达了皇后远隔大海给淡路岛灾民送去的热切关怀。

在地震发生半个月后的2月初，位于意大利特里诺的慈善团体SERMIG为阪神淡路大地震捐赠了10万美元的捐款；他们希望将支票交给皇后，并通过外务省将自己的心意传达给宫内厅。SERMIG在过去30年间资助了东欧和非洲移民的生活，为越南、索马里、卢旺达等战乱地区送去了医疗物品和医疗器械。在得知日本发生地震之后，他们希望委托皇后处理捐款，用于灾区重建。他们通过在当时的梵蒂冈教皇约翰·保罗二世（2014 年被封圣，成为圣约翰·保罗二世）之下担任教皇代理助理的原上智大学校长彼塔乌大祭司和日本方面进行了洽谈。

为什么要将捐款交给皇后呢？据说，"1993 年皇后随天皇一道访问意大利的情形被意大利的报纸和电视广泛报道，引起意大利人极大的感触，让他们感到'这次要和日本在一起'"。了解到 SERMIG 的委托意愿后，皇后表示因为自身的立场没有办法直接接受捐款，"希望为灾区送去音乐和艺术"。她通过当时的日本艺术院第三部部长作曲家团伊玖先生把所有捐款交给了文化厅。除了将捐款用于提供灾民住房和食物之外，皇后还希望抚慰灾区人民的心灵，因此希望通过艺术形式对他们进行慰问，为他们送去鼓励。除此之外，她也希望能创造一个让大家可以放松心情和尽情哭泣的场所。

接受皇室的委托之后，在文化厅的呼吁之下，团伊玖先生和关西乐坛的朝比奈隆先生、日本传统音乐家吉川英史先生以及钢琴家岩崎淑、作曲家三善晃组成了音乐会组委会。皇后说"希望把音乐传到复兴的街市中去"，因此音乐会取名为

"致复兴的街市"。

宫内厅本来计划举办音乐会庆祝皇后60岁生日，但因赈灾而延期。女高音歌手鲛岛有美子的日本歌曲演唱会在灾区的神户和淡路岛演出了两次。此后小提琴演奏与合唱、日本传统音乐以及管弦乐等音乐会基本每月演出一次，合计在神户、淡路、尼崎、伊丹、明石等地举办了10次。在皇后的要求下，在震源地淡路上演了淡路的木偶剧。在其他各地自发性停止音乐会等演出活动的当口，这场木偶剧特意邀请受灾地区的艺术家参演，给许多悲伤至极的灾民以及暂时失去活动场所的艺术家们带去喜悦和希望。

当时的文化厅长官是远山敦子，她日后担任文部科学省大臣和驻土耳其大使等要职。她以自己的知性以及身为女性的特质，脚踏实地支持皇后的善举。那时人们把音乐单纯地视为"娱乐"，因此在受灾期间要举办这样的活动是需要勇气的。由于相关人员的精心组织，来到演出现场的灾民对演出活动表达了深深的谢意和兴奋之情，远山与皇后出于共识，一起实现了完美的合作。

当被问及"理想的皇室形象是什么？"皇后的回答是："想成为不断祈祷的人。"皇后面向灾区在心中不断喊着"没事啊！请坚强起来"，并不断鼓励灾民们，如此这般，也许就是皇后的使命吧。

在采访过程中，除了了解到皇后的祈祷方式之外，我们也知道了那些希望得到祈祷的人们的心声。皇后过去一度被迫休养，甚至有患上失语症的经历，因此十分了解人们内心痛苦时的感受。当时皇后身边的人是怎么想的呢？皇后的许多朋友说："什么都做不了，但是可以祈祷。我们只能这么说。"那么当时皇后的反应是什么呢？传闻中的反应有很多种："可以什么都不要为我做，就请为我祈祷吧"，"在祈祷时请记住我"，"我突然感到他们在为我祈祷。谢谢"……

皇后和"朋友"之间的思绪正是通过祈祷联结在一起。

24

森林是海的恋人

在东日本大地震之际，天皇夫妇参与了很多赈灾慰问活动，无法全部一一述及。作为天皇夫妇关心灾区的事例，在此我想讲述一下皇后和宫城县牡蛎养殖专家畠山重笃之间的故事。

2013 年 12 月 21 日，我参加了在东京代官山集住综合体①举办的畠山重笃演讲会。此系列活动每次由各界人士根据自己的专业视角挑选 10 本书，然后请挑选者谈谈有关书中的故事。首倡"森林是海的恋人"的活动，以植树造林保护海洋资源的

---

① Hill Side Terrace，在东京代官山建造的集展览、音乐会、研讨会于一体以及提供山林方格的休养式住宅区域。

畠山作为嘉宾被邀请参加此次活动。

2011年3月11日在巨大的地震海啸中，畠山的母亲小雪不幸罹难，他在气仙沼的牡蛎养殖场、工作间、车、船以及房子也全部被冲毁，高20多米的巨浪卷走了他的一切。从此他一贫如洗。畠山说："常年收藏的贵重书籍也全部付之东流，我感觉'自己的人生也从此消失了'。"我们从话中再度感受到了他丧失一切的悲痛。

畠山为什么要发起"森林是海的恋人"的活动呢？

牡蛎以海水中细小的浮游生物、硅藻等为食，浮游生物的数量取决于森林腐殖质中"富里酸－铁"氧化物中铁的含量。

因此畠山说："牡蛎的质量如何只需要看一下入海河流上游的森林就知道了。"畠山从1989年开始种植了大约3万棵树木，不仅如此，他还对在河流流域生活的孩子进行环境教育，开展体验式学习，目前已经吸引了超过1万名孩子参加该项学习。

他的活动得到了联合国的认可，2011年他被评选为年度森林英雄。2012年2月9日，在纽约联合国总部，他以《森林是海的恋人》为题发表了演讲。

畠山一直以来有一个苦恼，那就是如何翻译"恋人"一词。如果直译的话便是"lover"，而这个译法和此次主题多少有些不搭。因此就这个词的翻译问题，他曾经咨询过皇后。

我趁在集住综合体举办活动的机会直接问过他此事，据说畠山和皇后是在1994年朝日森林文化奖的颁奖典礼上结缘的。当时他和其他获奖者一同被邀请到天皇夫妇移居皇居前的赤坂御所住地，他获得了和皇后直接交谈的机会。因为是森林文化奖，其他获奖者都是林业方面的人士，只有畠山一人从事渔业。畠山在交谈时提及皇后的和歌"离别揩无泪　母不语　落芬思绪销人悴"，他问皇后其中的"母"①是不是枹栎和麻栎。

气仙沼自古以来是和歌创作十分兴盛的地方。落合直文这位为近代短歌创新做出巨大贡献的国文学者便出生于此。畠山说直文将贵族文学短歌带到了平民生活之中。

在第一次相遇后不久，畠山又获得和皇后见面的机会。因为他的工作与海和山都有关，因此可以参加"开创海洋大会"和"植树节"一类的活动，比较容易碰到皇后。当时皇后突然和畠山说，自己在昭和年代读书时看到"青叶潮"这个词，好像是大矶的渔民形容鱼群游过海边森林茂盛葱郁的倒影时的场景，最近"青叶潮"已经成为俳句中的一个季语。这是和"森林是海的恋人"相关的话题。日后，皇后给他寄去了山本

①　柞（ははそ）和母亲（はは）发音相近，意指母亲，与母亲相关的枕词。——译者注

健吉提到青叶潮的文章。畠山不仅是养殖牡蛎的渔民，更是京都大学的研究者。此后两人在东京的皇居以及和海、山有关活动的现场又多次相遇，因此畠山才有机会请教皇后"恋人"一词的翻译问题。

畠山问皇后"恋人"应该怎么翻译才好呢？皇后说不要把"恋人"当作名词，因为这个词不大好直译，用动词"long for"怎么样？"long for"就是"爱慕、爱恋"的意思。这么一来"森林是海的恋人"便被译成"The sea is longing for the forest, the forest is longing for the sea"。这句译文让母语是英语的人可以马上理解，因此，畠山在联合国本部的演讲获得了极大的成功（此后皇后经过推敲，认为把译文修改为"The sea longs for the forest, the forest longs for the sea"更好）。

各界人士为本次活动挑选的 10 本书中包括畠山选取的皇后的著作《濑音》（顺带一提，这本书也是我十分喜爱的。我经常把它作为制作皇室特别节目时的参考资料，这本书收录的和歌每每都能打动我的心，不知不觉它成了我喜爱的图书之一）。

那么此后气仙沼的牡蛎养殖场怎么样了呢？在舞根湾的海中的养殖场，在灾难发生后堆积了很多泥巴和瓦砾，处于毁灭性的状态。即便如此畠山仍决意在此复兴他的牡蛎养殖场。在过去半个世纪一直和大海一起生活的他秉持着"相信大海"的信念。54年前（本书日文版出版于2014——译者）智利地震所引发的海啸波及日本三陆海岸，他曾经看到三陆地区的牡蛎养殖在海啸之后以惊人的速度恢复起来，这给了他信心。畠山说："我不恨大海。大海一定会恢复平静的……在面对自然的时候，我们不应抱有对抗的心态，重要的是接受它并相信它。当然我认为努力做好眼下的事情更重要。"

仿佛是"大海的礼物"一般，在圣诞节前我就这么认识了畠山。

在谈到畠山和皇后时，我发现他们之间另一个共同之处。那就是两人的工作都和法国有关。畠山是因为"牡蛎"，而皇后则是缘于第19章中提到的丝绸。

畠山为了建设更好的牡蛎渔场，认为在入海河流的上游需要有良好的森林资源。为了检验他的说法，他特意访问了欧洲著名的牡蛎产地。法国、西班牙著名的牡蛎渔场的入海河流上游都有优质的森林资源。在半个世纪之前，法国牡蛎因为病害受到巨大打击的时候，日本将东北地区的优秀牡蛎种苗赠送给了法国，从而防止了法国牡蛎的灭绝。而此次"3·11"大地震时，法国的牡蛎业者也知恩图报地对气仙沼伸出了援手。

日法两国之间的交流最早可以追溯到江户末期的丝绸生

产。当时欧洲蚕病蔓延，法国养蚕业遭到严重冲击。日本接受拿破仑三世的请求，将数万只蚕种送给法国，帮其渡过了危机。进入明治时期，日本在富冈建立了首个现代官营机器缫丝厂，在那里以及之后在日本各地建立的缫丝厂中生产的生丝成为日本出口的支柱产品，支撑着当时羸弱的日本经济。对当时日本缫丝工厂的建设以及工厂中女工进行技术指导和培训的也是法国人。牡蛎和丝绸这两样物品成为日法关系史上极为重要的媒介。

2014 年在文化厅的建议下，在巴黎举办了有关日本皇室养蚕史的展览，虽然展览时间很短但还是吸引了大批热心游客的到访，其中取得的巨大成果我已经在第 19 章中提及。展览在法国得到很高的评价。许多法国人看得入了迷，留下了许多感谢和赞美之词。在当时播放的视频画面上配有法、日、英三国语言的字幕，我想总有一天我们在日本也可以看到这段影像。

以和歌和俳句结缘的皇后和畠山，相信他们之间的友谊将继续下去。皇后也一定会对今后畠山的活动继续给予支持。当然对东北灾区的人民她也会继续给予帮助……

25

新美南吉和皇后

东日本大地震之后，皇后从多方面关心灾区，其中之一便是通过图书和灾区的孩子们建立友谊。在讲她的这个图书计划之前请让我先介绍一下英年早逝的童话作家新美南吉和皇后之间的故事。

2013 年末到 2014 年初，在爱知县半田市的新美南吉纪念馆举办了"《小蜗牛的悲伤》原画展——皇后和南吉"。在新年前长假的第一天我造访了纪念馆。

新美南吉 1913 年出生于半田，毕业于东京外国语大学，曾在《赤鸟》等杂志上发表过作品，1943 年 30 岁时因肺结核不幸去世。其代表作有《小狐狸阿权》[①] 和《小狐狸

[①] 中文译本有周龙梅、彭懿译《小狐狸阿权》（新星出版社，2012）等译本。——译者注

买手套》^①等童话作品。

南吉的名气并不大，他的作品《小蜗牛的悲伤》因皇后的引用而广为人知。在 1998 年新德里召开的 IBBY 国际大会的录像演讲中，皇后提到自己在小时候听过蜗牛"因为壳太重而悲伤"的故事。这个留存在皇后少女时代记忆中的童话此后数次被她提及。

有一天，小小的蜗牛突然因为自己背负的壳太重，开始感到悲伤。它发现"所有人都有悲伤的时候"，深感"我必须忍受自己的悲伤"。童话描述了蜗牛没有因此放弃而是选择背负伤感继续前行的故事。

在东日本大地震之后，皇后希望向灾区的孩子们传递南吉的故事。因此原本已经绝版的《新美南吉全集》^②全部八卷中的 1~3 卷童话集和第 4 卷故事集通过"岩手 3·11 图书计划"（请参考下一章）送给了灾区的孩子们。

此次新美南吉纪念馆的展览会展出了图书《小蜗牛的悲伤》的原画、南吉的手稿以及皇后在太子妃时读过的南吉的诗歌《天国》的初版。

---

① 中文译本有周龙梅、彭懿译《小狐狸买手套》（南海出版公司，2010）等译本。——译者注

② 日文版共8卷，安徽少年儿童出版社于2013年出版了6册的《新美南吉童话故事全集》。——译者注

在结婚两年后的 1961 年，当时的美智子太子妃和皇太子一起访问福岛县，并和石城郡小川町（现在的磐城市）户渡小学的学生们见面。当时和两夫妇见面的学生们曾经回访御所，为天皇夫妇栽种山百合作为答谢，而天皇夫妇则以《新美南吉童话全集》3 卷作为回礼赠送给他们。在第 1 卷里收录了"小蜗牛"等童话故事。其实皇后还事先得到了南吉在去世后才出版的诗集《墓志铭》。当时南吉还是一个非常小众、不知名的作家。皇后引用南吉的诗《天国》为圣心女子大学的同窗出版的文集《今后》写了一篇短文。

天 国

妈妈们 / 大家都有一个天国

无论是哪一个妈妈 / 无论是哪个妈妈都拥有一个天国

这个天国就是她们温柔的后背

无论是哪个妈妈的后背 / 都能让婴儿安睡

妈妈的后背左右摇曳

孩子们 / 把妈妈的后背 / 当成自己真正的天国

妈妈们 / 大家都有一个天国

——《新美南吉全集》第 8 卷

当时浩宫只有两岁，皇后是在背着浩宫时读这首诗的，浩宫肯定也会幸福地感受到"妈妈背着有多舒服"。

在小时候，不知道是从外公、叔叔还是婶婶那里，美智子听说了小蜗牛的故事。20多年之后她是南吉在逝世后才得以出版的著作的最早读者。这真是两人之间不可思议的缘分。皇后是安托万·德·圣埃克苏佩里《小王子》一书的译者内藤濯的粉丝们创办的"小王子之会"的会员。皇后在那里认识了巽圣歌。他向皇后赠送了1962年出版的南吉的诗集《墓志铭》（除了公开刊登在杂志上的文章，南吉生前没有出过书），由此开启了一段佳缘。在南吉的童话全集出版之后，《小狐狸阿权》和《小狐狸买手套》入选日本教科书，并出版了单行本，成为闻名全国的作品，而小蜗牛故事受到瞩目则是皇后在新德里演讲之后了。这个童话初创于1936年，当时皇后只有两岁。我猜想当时是因为教育开明的成城学院的老师们读过该作品，然后，皇后从叔叔婶婶那里听到了这个故事。

皇后曾经说："孩子出生之后成长的日子里，我感到十分喜悦但也感到了一种难以言表的不安。"她把自己的不安和悲伤通过自己的语言传递给大家，才会使听到这些的人在内心中产生共鸣。

有一本以 *The Epitaph* 为题的小诗集（Epitaph 就是"墓

志铭"的意思，也即新美南吉作品的名称)，素雅无装饰的、淡淡的米色封面上，只用黑体字注明："Poems of Niimi Nankichi Selected From The Epitaph"，"Translated by Crown Princess Michiko"。其中，如果皇后的名字只写美智子的话恐怕会被误认为是别人，因此皇后才将自己的头衔加上。此外还有"Printed at Musashino Art College"，更让大家明白了此书出版的原委。

据说美智子在还是皇太子妃的时候，受白百合女子大学的英语文学教授玛丽·菲洛美努的邀请出席了英文诗歌朗读会。在昭和 50 年代（1975~1984 年——译者），皇后时断时续地把南吉的诗歌翻译成英文并在朗读会上朗诵。和《The Animals 动物们》一样，当时皇后选取了将原诗放在左边、将译文放在右边的对译排版格式。通过这样的版式设计，这本长 18 厘米，宽 10.5 厘米，厚 3 厘米的诗集将南吉一首首的诗收录其中。诗集共分为六编，分别是"A Spring""Hedges""Lyric of Early Summer""In the Morning""Funeral""Fallen Leaves"。对应的南吉原诗的题目是《泉》《树篱》《初夏旅情》《清晨》《葬礼》《落叶》。每一首都是触动心灵的诗歌。

这本书的装帧设计似乎是武藏野美术大学学生的毕业作品，但当时知道的人不多。图书设计是学生们毕业作品之一。在考虑毕业作品时，他们的哪位老师可能参加了英文诗歌朗读会，通过他（或她）这群学生才和皇后翻译的诗歌相遇。该书采取了当时十分新颖的对译模式。因为存在版权的问题，在此我不能引用皇后的英译诗，因此我想选取南吉的两首原诗让大家品味一下。

清　晨

清晨的影子很长 / 少女的影子伸展到了我的脚下

清晨的风很柔和 / 因此长发 / 在我的脚下飘荡

——我爱少女在清晨的影子

我不忍心踩在那影子上 / 只好站在一边 / 静静地看那 / 恰似珍珠的晨露一般

落　叶

我站在乌桕之下 / 好像马上可以获得金币一般 /

两片黄色的叶子 / 落在身边 /

那么我想 / 用这金币 / 买一副手套

送给童话里那只怀念的狐狸

　　在从新美南吉纪念馆回家的路上，我总感觉河对岸的山上仿佛住着"狐狸阿权"。在新修好的道路上，小狐狸是否还会再来买手套呢？我完全沉浸在童话的世界当中，和我来时不同，现在我仿佛成为童话中的主人公，路上的景色看起来也如此不同。

26

为灾区儿童的赠书计划

在天皇的皇太子时代，对日本而言无论如何也不能忘却的有战败日（8月15日），冲绳战役结束日（6月23日），以及美国在广岛、长崎投下原子弹的日子（8月6日、9日）。在这些日子里，天皇都会停止一切个人的娱乐活动，和家人一起默默地祈祷。

2011年3月，发生了足以与上述日子相提并论，空前绝后的惨剧。在3月11日下午2点46分，震级达9级的大地震突发，史称"3·11"大地震（或称"东日本大地震"），此后日本的沿海地区遭受了由巨大海啸引发的毁灭性破坏。

"3·11"大地震同16年前即1995年1月17日发生的

阪神淡路大地震一起，作为平成年间的惨剧被天皇一家铭记，这个日子也成为他们新的"祈祷日"。天皇在地震发生之后对身边的人说："希望自己变得更加积极主动，向民众展示坚强的意志和决心。"

在灾情发生 5 天后的 3 月 16 日，天皇破例通过电视向灾民、参与救援活动的人士以及全国民众致辞：

> 绝对不要放弃希望，请保重自己的身体，克服未来艰难的日子。此外，我希望国民能团结一心，长期关心灾区，和灾民们一道实现灾区的复兴。

大地震加上大海啸造成重大伤亡，福岛核电站事故又引发了人们的恐惧和波动，使不安的心理到达顶点。此时，天皇发表了电视讲话，希望以此切实传达自己的想法。但天皇也和各家电视台约定好，一旦有相关地震和核电站的紧急消息时，应以紧急消息为先，在确认无紧急消息之后天皇的讲话才由电视台播放。天皇亲自向国民发布信息，这是 1945 年昭和天皇"玉音放送"66 年以来的第一次。

在灾难发生时，天皇夫妇希望能为大家送去慰藉并分担大家的痛苦。在限制性停电开始之后，皇居即使没有被列为停电用户，但御所还是把自己当作先行停电的用户，在夜间关閉电器，使用蜡烛照明，餐饮方面也尽量简单。

天皇夫妇希望尽早慰问灾区，但为让救援活动优先，他们慎重地听取了相关的各位县知事的意见，将访问受灾地区三个县的行程安排在震灾发生1个月之后。为了不增加灾区的负担，天皇夫妇采取了乘飞机和直升机前往灾区，然后当天返回的方式来进行慰问活动，并且以此方式持续多日慰问灾区。在面对灾民时，天皇和他们促膝长谈，皇后也握住灾民们伸出的双手，对他们予以鼓励。他们还面对夺取许多人性命的大海进行镇魂祈祷。

《The Animals 动物们》《架桥：童年阅读的回忆》等皇后译作和著作的编辑末盛千枝子在"3·11"大地震发生时正在岩手县八幡平的家中。她关闭自己在东京的办公室搬至自家别墅才1年多。她居住的别墅是她母亲和雕刻家出身的父亲舟越保武晚年居住并十分喜爱的家。

她家位于内陆，因此幸免于难，但在震灾中她再婚的丈夫因为脑梗而病倒，长子因为脊髓损伤而下半身瘫痪，两人被迫在轮椅上忍耐了好几天停水停电的日子。

即使身处这样的状况，末盛仍心系灾区支援。震灾之后不久她就与人合作共同发起了"岩手 3·11图书计划"，并为灾后复兴策划了许多其他项目。为受灾儿童提供图书的计划产生了极大的反响，是他们策划最为出色的活动。

闭电器，使用蜡烛照明，餐饮方面也尽量简单。

天皇夫妇希望尽早慰问灾区，但为让救援活动优先，他们慎重地听取了相关的各位县知事的意见，将访问受灾地区三个县的行程安排在震灾发生1个月之后。为了不增加灾区的负担，天皇夫妇采取了乘飞机和直升机前往灾区，然后当天返回的方式来进行慰问活动，并且以此方式持续多日慰问灾区。在面对灾民时，天皇和他们促膝长谈，皇后也握住灾民们伸出的双手，对他们予以鼓励。他们还面对夺取许多人性命的大海进行镇魂祈祷。

《The Animals 动物们》《架桥：童年阅读的回忆》等皇后译作和著作的编辑末盛千枝子在"3·11"大地震发生时正在岩手县八幡平的家中。她关闭自己在东京的办公室搬至自家别墅才1年多。她居住的别墅是她母亲和雕刻家出身的父亲舟越保武晚年居住并十分喜爱的家。

她家位于内陆，因此幸免于难，但在震灾中她再婚的丈夫因为脑梗而病倒，长子因为脊髓损伤而下半身瘫痪，两人被迫在轮椅上忍耐了好几天停水停电的日子。

即使身处这样的状况，末盛仍心系灾区支援。震灾之后不久她就与人合作共同发起了"岩手 3·11图书计划"，并为灾后复兴策划了许多其他项目。为受灾儿童提供图书的计划产生了极大的反响，是他们策划最为出色的活动。

随着对皇后采访的逐步深入，我发现她身边有许多优秀的朋友，无论年龄和性别，可以说，皇后在"谈笑有鸿儒，往来无白丁"的环境中磨砺了自我。她的朋友也都是十分自律的人。他们和皇后的交往是得体又不逾越分寸的，我能感受到他们对皇后深深的敬意和爱意。皇后的朋友们也都有不凡的个人经历，在此我希望再多说一些末盛女士的故事。

我初次见到末盛是在 1993 年的秋天。在制作一档有关皇室的特别节目的过程中，我希望就皇后和儿童文学之间的故事对她进行采访。这是我们第一次相遇。此后我经常访问末盛位于代代木的办公室。以前我曾就有关卢浮宫美术馆的特别节目事宜联系过她的次子春彦，我们很合得来。2009 年我从日本电视台离职之后便与春彦先生一起工作。

为纪念"岩手 3·11 图书计划"，我们策划出版了记录此次活动的书——《送你一本书》。春彦先生在此活动中十分活跃。前些日子春彦先生在英国大使馆举办的和此次活动相关的聚会中获得了和皇后初次见面的机会。

"小竹还是小春，原来是小春啊……"

皇后从末盛那里听到了许多关于她孩子的事。此外她还可能读过以"小竹、小春"兄弟为主人公的《爸爸有很多朋友》这本书吧。

在结婚 11 年之后末盛千枝子的丈夫宪彦去世，她当时才

42岁。宪彦去世时才54岁。他在NHK人气音乐娱乐节目"在梦中相见"中担任嘉宾,在紧张繁忙的工作中突然去世。那年他们的大儿子小竹8岁,小儿子小春才6岁。在为丈夫守灵之后,千枝子的父亲保武问她:"难道你明天想把孩子们带到火葬场吗?"她说,对于孩子们而言这是和父亲最后的道别,因此会带着他们。"那在明天早上出席葬礼之前把这个念给孩子们听一下",说罢,她父亲拿了一封信给她。信中写道:

小竹、小春:

　爸爸去世的时候马上飞上了漂亮的蓝天,去了天国。所以爸爸不在那个黑色的箱子里。爸爸现在在蓝色的天空上,在天国里。

　在黑色的箱子里的只是爸爸的躯壳。

　那和蝉的壳一样,不过是躯壳罢了。所以在火葬场被火化的只是躯壳。

　躯壳被火化是不会感到烫的。爸爸正在天国里微笑地看着小竹和小春。火葬场里发生的只不过是一场仪式而已。

　爸爸在蓝色的天空上高兴地看着小竹和小春健康地成长。要是小竹和小春不在场的话爸爸会不高兴的,请做一个乖孩子。(《语言之光》)

末盛说："但是孩子们在葬礼期间还是流了鼻血，也怪可怜的。"

"小竹和小春"的名字就这样留在了皇后的记忆之中，皇后在碰到末盛春彦时也立即想起了他的名字。

对为"岩手 3·11 图书计划"而四处奔走的春彦而言，皇后能记得他的名字就是胜过一切的慰劳了。

在葬礼结束之后，千枝子每天都以泪洗面。她听着丈夫宪彦喜欢的黑胶唱片，穿着他的毛衣痛哭。

"丈夫死后我真是悲伤极了。但是今后还有更加困难的事情，我一定会被赋予克服这一切的力量。"（《送你一本书》）

此后末盛为"G.C. 出版"担任图书编辑，很快便出版了自己最初的五本图书。其中《爸爸有很多朋友》这本书便献给了亡夫和孩子们。末盛带着"我想把自己觉得美的东西传递给更多人，让大家变得幸福"的心情全力投入工作，编辑出版了许多书。并在之后承担了更多的图书编辑工作。这对于千枝子而言是"克服悲伤的力量"，此后她还负责皇后作品的编辑和出版工作。

2011 年春天，"岩手 3·11 图书计划"为灾区的孩子们送去了第一批图书。千枝子在已成为废墟的岩手县山田町车站碰见了一位年轻的僧侣。

这位僧侣走在遍布瓦砾的城市里，他感到自己能做的"只有祈祷了"，便静立在雪中的车站。在这个瞬间，千枝子按下了相机的快门。当晚她回到八幡平的家中把自己拍的照片传给了皇后。很快她便接到了皇后的电话，"你已经去现场看过了啊？"皇后向她询问现场的情况。千枝子说那位僧侣觉得还有很多遗体没被发现，因此面对大海深深鞠了一躬；她还向皇后报告了沿海受灾地区的惨状。

皇后尤其担心灾区孩子们的状况，她说"我手边还有两本书可以送给他们"，便把这两本书寄给了千枝子。一本是《龙子太郎》，描写男孩龙子太郎历经千辛万苦寻找变成龙的妈妈的故事；另一本是《三月三日女儿节》，讲述女儿节时母亲和女儿亲密交流的故事。此后皇后每次都会寄两三本书给她。

末盛回忆说："皇后对书籍的挑选让我体会到了她对灾区儿童的细心体贴。在震灾过后不久的4月份，皇后认为应该挑选适合母亲和孩子心境的作品。到了12月份，邮寄来的书主要是谈大家齐心合力的重要性的作品。皇后每次寄来的书尽管不多，但都是在考虑到孩子们当时的状况和心情之后精选的。"皇后给孩子们总共邮寄了19本书。末盛十分支持皇后的行动，并全力协助她。从《架桥》的出版开始，经过多年交往，两人之间的关系愈加紧密。

至2011年9月底，从全国收集的捐赠图书总计达到23

万册。到 2013 年 1 月有超过 4600 名的志愿者参加了分类和包装工作。此外在项目捐款和援助资金帮助下，他们定制了小型的移动图书馆——6 台"图书车"。它们为了向灾区孩子运送图书而奔走于灾区各地。此后送到宫古、釜石、陆前高田等沿海地区幼儿园和小学的图书超过了 10 万册，送达 275 个接收点。

在震灾两年后的 2013 年春天，在岩手县盛冈市中央公民馆举办了"图书计划赠送图书原画展"。皇后将自己用 50 多年时间收集的 47 件图书原画借给了活动主办方。此次展览的本意是皇后希望犒劳一下志愿者们。

为孩子们送去图书的活动此后仍在继续。这个活动得到了 IBBY 相关人士的关注，又考虑到末盛常年为 IBBY 做出的贡献，在 2014 年 9 月，末盛在 IBBY 总部光荣地获得了荣誉会员的称号。她是继渡边茂男、猪熊叶子、岛多代之后，第四位获得该荣誉称号的日本人。

末盛说："人在遇到极大悲伤的时候，究竟能否立刻整理好自己的心情呢？我觉得是不能的。对于十分悲伤的人，要让他们慢慢看到希望，在终于看到希望之后才会行动起来。大家都有不同的命运，有着各自的承担，爱惜自己并爱他人，祈愿和平生活。而这些都必须依靠想象力才能实现。皇后今后也定会用她深邃的思考，继续架起灾区儿童的心之桥。"我觉得末盛一席话同时也表达了她对皇后的真实想法。

东日本大地震是前所未有的惨剧。现在事情已经过去 3 年（本书日文版出版于 2014 年——译者），灾难留下的伤痕仍未愈合。但是我们不应该忘记皇后架起的通往大家内心的一座"桥"——切记不可放弃"希望"。

27

漂洋过海的新娘

2009 年 12 月 4 日，皇后到访了 JICA（日本国际协力机构）的横滨国际中心，并观看了该中心"海外移居资料馆"举办的"漂洋过海的新娘"故事展。皇后此次是第二次访问该中心。在皇太子妃的时代她就很关心巴西"科蒂亚青年的新娘移居"以及战后所谓的"战争新娘"问题。这些日本新娘居住在世界各地，并作为当地社会的一员生活在异国他乡。这些将日本作为心灵故乡怀念的人们，曾经和皇后有过常年且真挚的交流。

在第二次世界大战后的 1952 年，日本开始掀起再次移民巴西的浪潮。许多年轻人怀揣梦想离开日本，希望在南美大陆这个新天地寻求机会。但是当时同样怀揣着梦想的女性不能独自移民巴西，她们必须作为配偶或家属才可以移民海外。

在这样的状况下，这些希望前往海外发展的年轻女性只能作为已经移民巴西的日本单身青年（俗称"科蒂亚青年"）的新娘才可移民巴西。原东京大学教授小南清与妻子美代子（音译）以其个人资产在神奈川县茅崎创立了"海外移民妇女之家"（后来成为"国际女子研修中心"），对想要移民的女性进行培训。在她们完成海外移民的准备工作之后，"妇女之家"对她们进行适应移民国的生活环境和保健卫生等方面的前期培训。他们对通过照片相亲，下决心结婚前往巴西的女性还进行"新娘培训"。当时前往巴西的新娘人数超过了350人，美代子现在被人们称为"移民新娘之母"。

在小南教授的介绍下，1965年4月皇后和希望再次募集移民新娘而回到日本的两位上一代移民新娘在东宫御所见面。此后，皇后开始关注此项活动，对于年轻新娘日后的状况她也时常询问小南夫妇。回到日本的科蒂亚青年的代表对皇后的关心表示感谢，还筹资向皇后赠送了海蓝宝石；皇后将宝石镶嵌在戒指上，一直十分珍爱。纪宫在成人之后首次执行公务访问巴西。当时为了手很小的纪宫，皇后将宝石重新加工做成吊坠送给她，让人备感温馨。

皇后在和"科蒂亚新娘"见面之后，她们的再次会面是在

1984 年举行的海外日裔大会 25 周年纪念大会上。据悉，战争新娘首次受邀参加此次大会。她们在战后混乱的时期里成婚，对她们长期存在误解和偏见。在大会期间，对受邀访问东宫御所的战争新娘斯陶特·梅津和子，皇太子妃美智子宽慰她说："在语言和习惯迥异的国度，您真是辛苦了。感谢你们。"

　　和子听后心中肯定十分宽慰。"美智子能理解战争新娘的辛劳。对于在各地付出努力的日本人，以及他们为日后从日本来的留学生和移民提供的帮助，她都十分理解。因此我们可以在海外挺起胸膛做人。"以此次访问为契机，"日裔国际结婚亲睦会"成立，促进了世界各地的日裔新娘的交流。1988 年 10 月 30 日，在美国华盛顿州奥林匹亚市举办的"战争新娘渡美 40 周年纪念大会"上，共有 113 位战争新娘参会，在大会结束前她们合唱了《故乡》这首歌，百感交集。

　　虽然新娘们的心渐渐得到抚慰，但是随着她们渐渐老去，她们还有一个无法割舍又尚未实现的心愿，和子告诉了皇后。

　　那就是，不仅没有为战争新娘，也没有为在海外生活的日裔回到日本时提供方便的日裔会馆。天皇夫妇很早就对这个问题表示关心。他们从二三十岁起便在美国、巴西、秘鲁、阿根廷、巴拉圭等地和日裔人士不断交流,他们知道在那些地方都建立了设施完备的日裔会馆。而反观作为母国的日本,尤其是在东京,虽然保存了这些移民的珍贵资料,但连整理、展示和传播他们移民历史的资料馆和展览馆都没有。他们两位经常和相关人士传达,希望能为回到日本的日裔人士提供简易的住所,或为他们访日提供方便。

第四代 JICA 总裁藤田公郎因为曾经在青年海外协力队工作的关系和天皇夫妇有交往,他也是深知他们心意的人。虽然他们还没有谈到建立日裔会馆,但 JICA 横滨国际中心成立时,仍建立了"海外移民资料馆"。在 2009 年皇后到访过的筹备展的一角,设置了介绍战争新娘的展台,和子她们长久以来的梦想得以实现了。

这里有必要深入说明一下。在战后漫长的一段时间里,日本社会对战争新娘有一种负面的印象。在占领期阶段的日本,很多日本女性因为生活所迫曾经短暂地委身于占领军士兵,但同时也曾经发生过交战国的男女因为某种机缘而相知相爱的事情,其中真诚地发誓结为夫妻的男女也有不少。但让社会了解两者的区别很难。一直以来日本社会都把她们视作崇洋媚外的"淫荡女性"对待,即使在海外的日本人社会这种偏见也长期存在。而她们中不少人曾经为日后到海外的日本留学生和商社职员在异国他乡的生活提供不少帮助。她们和自己的伴侣结缘已经超过 50 年，有了稳定的家庭。即便如此，在很多国家的日裔会馆却从未将战争新娘视作海外移民的一员。和子这样的战争新娘难以治愈的悲伤正在于此。她们必须忍耐误解造成的歧视，并努力让自己成为一名绝对不让母国受辱的女性。对她们而言自己不被当作日裔社会的一员真的是太无情了。长期以来皇后对和子等战争新娘的苦楚一直挂念于心，在 JICA 横滨国际中心策划此次海外新娘故事展时，她曾与时任 JICA 理事长的绪方贞子就战争新娘问题交换意见。绪方在结束联合国难民署高级专员 10 年的任期之后，因其丰富的国际经验出任了 JICA 的理事长。在听取了皇后的一席话之后，绪方也和皇后一样表示对战争新娘们十分理解并深切同情她们的境遇，因此在展览中将战争新娘列入战后移民的一个类别。科蒂亚新娘和战争新娘终于堂堂正正地成为"漂洋过海的新娘"，被当作日裔社会的一员看待。"和子们"的亲睦会成员知道以后该有多高兴啊！许多曾经的新娘访问了 JICA 横滨国际中心并在展会中流连忘返，她们观展的情形通过互联网传播给了各国的同伴。

皇后的到访也被海外日文报纸大量报道，巴西圣保罗的报纸《日经新闻》在社会版的首页介绍了此事，将皇后认真观看展览的情形传递到当地日裔社会中。

访问资料馆会场的皇后心中肯定带着千万思绪吧。十分凑巧，当天学术委员会进行说明的是饭野正子，饭野家与皇后娘家关系十分亲近。饭野正子身为津田塾大学的校长，长期研究海外日裔群体，也是皇后的重要友人之一。在会场中，大家都在聊着小南一家的往事，虽然有些遗憾，但是她们当天也忆起许多已故的海外新娘的往事。

新娘们有着长期不被社会承认的历史，而关心这段历史的皇后在不经意间自己也已年逾 80 岁。

由于常年被限制在皇室这个狭小的世界之中，皇后对和每一个人的相遇都十分珍惜，并和他们保持了长久的友谊。随着取材的深入，我了解到皇后曾经对如此之多的人给予关心，也了解到皇后得到了许多人的温情和关爱，我被他们的事迹深深打动。不只是在日本，在国外也有很多关心皇后并为她的幸福祈祷的人。

例如芬兰的希尔文欧雅女士虽然是普通的家庭主妇，但在皇后于昭和年间陪同天皇访问芬兰时，芬兰政府提出请务必接受她为接待组成员。在美智子的全部行程中她都陪伴左右，用心完成了接待工作。在第 11 章曾提及皇后在访问西贝柳斯的故居艾诺拉（Ainola）别墅时，皇后拒绝了摄影师摘下路旁铃兰花摆姿势拍照的要求，当时的报纸报道了这一场景。此后访问这个城市的人们都无不被皇后对待铃兰花的温情所打动。每年到了皇后当年访问芬兰的时节，希尔文欧雅都会把画有铃兰花的卡片以及带铃兰花图案的小物件寄给宫内厅，一直到希尔文欧雅去世。进入平成年间之后，当天皇夫妇再度踏上芬兰这片土地时，她已经病重住院，但还是在丈夫和孩子们的陪同之下，从医院赶到天皇夫妇下榻的酒店拜访了他们。她眼里放光地说："医生在医院里劝我放弃，当我说我无论如何都想和正在访问芬兰的日本皇后见上一面时，其中一位医生问'是不是当时的铃兰妃子'，大家听后都希望帮助我完成此次拜访。""我每天都在为皇后祈祷"，她告诉随行中的一人。

此外，皇后就读圣心女子大学时的朋友中有一位已故的韩国同学。圣心因为是国际大学，班上有来自美国、印度、中国和韩国的学生。这位韩国同学在班上显得寡断又过于谨慎。在毕业论文提交日，美智子因为在熟悉的同学中没有看到她的身影，十分担心，因此在学校里一直等她到深夜。一位碰巧与这位韩国同学在同一教授门下学习的寄宿生知道此事后，赶紧去寻问老师，得知虽然已经很晚，但韩国同学还是把论文提交了。这位韩国同学在得知此事后，满眼含泪地对美智子给予她的关心表示感谢。她在毕业之后加入了日本国籍，不久便结婚前往美国定居，几年前因病去世。她在生命的最后的日子里写了一封信给皇后并希望连同守护她到最后的丈夫的信通过在日本的朋友转交给皇后。她的丈夫在信中写道:"她一直感谢皇后美智子对她的帮助,并祈祷她生活幸福。"

另有一位同为韩国国籍的修女,她之后加入日本国籍前往巴拉圭。1978 年,已经定居伊瓜苏的这位修女和美智子相遇,此后在她回日本的时候还向美智子汇报了巴拉圭当地日本人社区的情况。现在她在巴拉圭正和病魔做斗争,以祈祷度日。一有人从日本来巴拉圭访问时,她总会委托他们帮她传话给美智子:表示对于皇后曾经给她的关照,她直到现在都不能回报,她会不停地祈祷天皇夫妇和日本平安。

还有对战后日本的各个领域进行长期研究,并曾定居日本和日本女子结婚,日后又回到母国的知日派人士。他们的夫人在长期的国外生活之余偶尔会回日本,因为这些知日派人士以前长期生活在日本,回国之后朋友很少,在感到寂寞的时候又会回到日本。每次他们访问御所,皇后总会以不变的笑容对他们说"欢迎回家",以此来迎接他们。对他们而言,这一句问候真是让人无比开心。天皇的朋友中也有长期定居海外的,他们说:"皇后的一句'欢迎回家',我才真切地感受到我回家了啊!"

这些友情让皇后结识了许多海外从事慈善工作的人士,以及文学家、艺术家等不同领域的人物,比如在德国某慈善机构工作的贝特尔,在英国红十字会工作以及为安宁病房献身的人们,在日本和国外经常和皇后有见面机会的美国议会图书馆的西比拉·雅格什等 IBBY 的会员。2013 年，曾获得诺贝尔文学奖的爱尔兰诗人谢默斯·希尼去世，在驻日本的爱尔兰大使馆官邸举办希尼追悼会时，皇后和国内外的诗人受邀参加并一同朗读了希尼的诗歌。希尼的夫人也特意来到日本出席了当日活动，据说在活动结束之后，交往已久的两人温情地相拥。在海外从事艺术活动的日裔艺术家有长期离开日本的版画家吉川静子和法兰西学术院成员、画家、已故的日本研究者伯纳德·弗朗克的夫人弗朗克·淳子等。她们在日本举办展览会时，皇后一定不会缺席。音乐领域有女高音歌唱家鲛岛有美子和钢琴家内田光子，她们和皇后之间的深交众所周知。爵士乐钢琴家秋吉敏子也是在远方对皇后寄予深情的一位朋友，她曾为皇后作了一首名为《皇后美智子》的曲子。在以前的御所，她弹钢琴，她的丈夫塔巴金吹长笛和萨克斯与皇后合奏，这场罕见的爵士乐演出还吸引了宫内厅长官等职员以及乐部的人士一同欣赏。

　　小提琴家黑沼百合子（音译）在墨西哥从事音乐活动将近 50 年，回到日本后选择了和墨西哥有渊源的千叶县御宿定居。① 她和皇后之间的友谊持续了也近 50 年。她从捷克移居墨西哥之后开始从事音乐活动，当时的皇太子夫妇访问墨西

---

① 1609 年，西班牙驻菲律宾临时总督罗德里戈·比贝罗在从墨西哥出发前往菲律宾出任途中遭遇海难，漂流到现在的千叶县御宿，后在德川家康的帮助下回到菲律宾。——译者注

哥时，她在异国他乡和皇后相遇，之后两人一直保持交往。在墨西哥稳定下来之后，她建立了音乐教育机构百合子学院。为了给买不起小提琴的孩子们提供二手小提琴，她在演奏会的舞台上公开呼吁募捐并引起了极大的反响。当然她的呼吁也传到了日本，美智子在台前幕后对她的学院办学和她在墨西哥的音乐活动都给予了精神上的支持。在公开记录中她们在音乐会上的见面就有 10 次以上。在此期间从学院毕业的孩子们也成长为音乐家，第一期学生亚德里安·尤斯图斯现在是活跃于世界舞台的小提琴家。百合子说："对于在海外生活的日本人而言，皇室是他们心中的依靠。"

曾经是皇族的纪宫，现在的黑田清子说："皇后表现的'皇族的定式'中最让我印象深刻的是'皇室应该祈祷'以及'持续关心'这两个不变的姿态。"（《日复一日》）皇后究竟关心过多少人呢？她和天皇一道走遍日本各地，对遭受自然灾害侵袭的地区，两人必会亲临探访。当灾区的复兴步入正轨、城市重新恢复生气时，他们希望再度访问当地，看看灾后复兴的样子，感谢当地人的努力并分享他们的喜悦。

灾城复兴行

泪奔涌

擦肩一笑亦心声

这首和歌描绘的正是他们探访灾区时的真实心情。

如"皇室应该祈祷"所言，皇后一直以来陪伴天皇，为全国发生的所有大事小情祈祷。他们分享和负担每个人的喜悦和悲伤，是他们不懈的努力才让他们成为民众爱戴的对象。不仅在日本国内，在海外也是如此。

国家元首热爱国民，并得到国民喜爱，大家都希望这种让海外各国羡慕的君民关系继续持续下去。在国际局势的复杂性与日俱增的情况下，短暂的突发事件也会引起人们的不安，但天皇夫妇不是一味高高在上，他们一直对海内外日本同胞保持关心，不断为世界和平祈祷，这对日本国民而言既是安慰也是一种依靠。

在 2004 年的歌会始上天皇夫妇发表的和歌分别是：

祈福祷平安

民所愿

遍踏全国十五年

祝福沸满城

人长久

幸福和平声重声

28

相濡以沫

2003 年 1 月 1 日，在松之间宫殿举办的新年祝贺典礼和往年不同，一切都处于紧张的氛围之中。因为天皇公开了自己前列腺癌的病症，即将在 1 月中旬住院进行手术。

即便如此，他还是参加了 2 日对市民开放的参贺。按惯例，这一天内天皇要 7 次出现在长和殿的阳台上接受国民的参贺。

天皇的外表并无异样，身为科学家的天皇对于自己的病情想必已经坦然接受了。

1 月 16 日他住进了东京大学医学部附属医院。在天皇前往医院时皇后陪在他身边，她看起来十分忧虑。

当时为皇后的著作《发自巴塞尔》进行最终定稿工作，

有机会和她会面的末盛千枝子回顾道："那时皇后的世界里只有天皇一人。我有这种感觉。"

结婚 45 年，可以说皇后人生的意义便是在此时支撑天皇吧……

她大概想："一直以来有了天皇的支持我才能挺过来，现在是我回报他的时候了……"

为了完成自己的使命，皇后对一切事情都更加认真地对待。

在天皇从住院到出院的三周时间里，她对周围的所有人都体贴入微，同时她也尽可能地陪在天皇身边。

皇室在历代天皇的忌日都要在贤所①举办祭祀仪式，因为日期都是固定的，所以时间安排非常紧凑。进行古老仪式的准备也很花时间，皇后因此经常无法在早上探望天皇。

在繁忙的时候，她在结束祭祀后会立即脱掉沉重的装束，重新调整好发式，为了和天皇共进午餐赶紧前往医院。

除了祭祀之外，她尽量不参加其他公务，把所有的时间几乎都用于陪伴天皇。皇后每天早晨从御所出发，在医院和陛下一同吃早餐，在天皇就诊的间隙为病房通风换气，把床上用品拿出去晾晒，她对天皇的照顾细微周到。之后她会和天皇

---

① 贤所，举行祭祀仪式的宫殿，与神殿、皇灵殿并称为"宫中三殿"。——译者注

一起吃医院提供的午餐，下午会回到御所处理事务，并在晚餐前再次回到医院，一直陪天皇到夜里，皇后每天的日程几乎都是这样。

在病房里，皇后倾注了自己的温情。画家安野光雅为《架桥》所作的封面图案即麦子的原图也被带到了医院里。此外，各个寺院神社进献的祈愿健康的护身符和神札被放置在供天皇进行康复训练的小路上，皇后也会把国民写给天皇的祝福转交给他。

在天皇住院的头 9 天里，皇后在与天皇病房一门之隔的会议室里安放了简易床，在医院里过夜。

负责给天皇治疗的医生、宫内厅皇室医务主管金泽一郎回忆说：

> 天皇和病魔的斗争对于皇后而言也是很大的考验。天皇毅然挑战病魔时，她十分担心天皇的病情，我看到她为天皇劳心的样子十分心疼。她还经常听取相关人士的意见，在必要时还要自己做出正确的判断。虽然皇后看起来纤细、容易受伤，但是她的想法并不娇气，总是优先考虑周围人的感受，她在背后默默地掌控全局。①

---

① 『文藝春秋』2003 年 11 月号。

在天皇出院时，看着扶着天皇回到御所的皇后，护士们不禁说道："皇后您才是最佳护士啊！"

2003年10月20日，皇后迎来了自己69岁生日，我当时负责"超级电视信息最前线"这档节目，我们播放了《现在的皇后美智子》专题节目。这是有关天皇夫妇的爱情故事。

在节目里我们提到皇后在59岁生日当天突然病倒并患上了失语症的情况。当时这条新闻轰动日本全国，报纸、电视、杂志等媒体无不张皇失措。

皇后在1993年不能发声，许多杂志媒体开始不断刊登批评皇室的报道。对这类报道皇后感到心痛和悲伤，为回答在生日当天记者们的提问，她发表了书面答复。其中提到："无论是什么样的批评，有益于自我反省的都值得倾听。……但是与事实不符的报道让我十分悲伤和困惑。虽然现在已经不是不容许批评的社会，但严重脱离事实的批评并非社会所需……"

"脱离事实的批评"之一便是最先攻击皇后插手新御所建设的报道。后来宫内厅坦言，在建设场地的选择上，当时的宫内厅长官汇集厅内各方专家的意见并呈报天皇，最终的决定是在得到他的许可之后才做出的。皇后从没插手过御所建设，也从没到过现场。

宫内厅医院的详细检查结果显示，皇后的脑部并无器质性损伤，皇后在不能发声的状况下依旧立刻回到了工作岗位。天皇出于担心，特别邀请了东大医学部神经内科的金泽一郎进行诊断。金泽作为负责医生回顾说："回到国民当中，感受国民对皇后过去30多年间所做奉献的真情信赖，这对于皇后的康复是极为关键的一步"，因此他奉劝皇后参加此后对高知县的行幸之旅。在精神科治疗当中十分需要的是"人"的这种"药物"。也就是通过和人以及社会的接触来实现康复。此后大约长达半年的失语症虽然十分痛苦，但是皇后一直陪伴天皇履行公务，在参与公众事务中重新站了起来。

日本电视台拍摄下了当时正在叶山疗养的皇后和天皇、纪宫一起观鸟的影像。皇后拿着望远镜边看边试图说些什么，她似乎在小声地说着："看到了，看到了，看到鹤鸟了。"陛下和纪宫静静地守护着皇后，默祝着她痊愈。

自失语之后，皇后一直到次年2月才能发声交谈，那是她访问小笠原群岛的父岛的时候。在小港海岸她和当地的孩子们一起把绿海龟放回海里。她对孩子们说："那是我放的海龟"，"在下一个海浪来的时候让海龟回到海里吧"。她的声音很自然，听起来已经痊愈了。这便是皇后在不误公务的同时彻底康复的瞬间。

有关当时的内情，皇后的一位朋友回顾说："她在痛苦的时候不仅会更加坚强还会自我净化。"

　　在编辑节目时，我反复观看皇后在次年记者会（病情恢复之后的记者会）上的录像，注意到了一个此前被忽略的细节。

　　在谈及天皇时，皇后稍微向旁边的天皇点头示意了一下。她的举动流露着自然之美，作为日常表达感谢的方式，我再度感受到了皇后的为人处世。

　　不论何时两人正是靠着爱和温情，互相支援彼此，跨越一切困难。其实天皇夫妇之间还有一种美丽的紧张感，我认为这为日本皇室的形象展现了与众不同的光彩，这是一种男女各自履行职责，互为补充，相得益彰的样子。

　　长期和天皇一家有交往的一位人士最近透露："天皇是温和但也是十分严格的人。美智子能领会天皇的严厉之处，对日本皇室而言这是无上的幸福。"

29

漫长旅途的前方

　　2004 年春天，东京都内的某老字号百货店举办了"即位 15 周年纪念暨迎来古稀的天皇和皇后美智子"展。这是我第一次获得窥探天皇夫妇日常生活的宝贵机会。为期 12 天的展览吸引了 8.4 万人观展，可见国民对皇室的关切之深。

　　展品中有天皇夫妇即位时的装束、皇后佩戴的装饰品以及宫中晚宴上用的餐具等，其中还有一幅很大的日本地图，在地图上密密麻麻地插着数不清的大头针。在平成年间他们到访一地后都会愉快地在地图上插上大头针。展出方希望宫内厅能协助他们展出这幅地图，当时在宫内厅上班的年轻职员说，天皇夫妇认为"机会难得，希望把昭和时代自己的足迹也添加在地图上"，因此搜集了成婚以来的所有旅行资料，按时间地点在地图上用颜色分类，完成了这幅旅行地图。

纪宫（黑田清子）也一起参与了此项工作，在 2004 年 4 月的生日记者会上她说：

> 从前年开始天皇夫妇花了两年的时间，把他们在平成十五年间（1989~2004 年——译者）访问过的所有都道府县市町村在大大的日本地图上做了标记，我当时也在帮忙。我们追踪着他们旅行的日程以确认访问地点。我切实感到，天皇夫妇希望每一次行程都尽可能访问更多的地方。

即位 15 年间，天皇夫妇访问了日本所有的都道府县。他们希望尽早访遍日本全国的每一个角落，在这张日本地图上，我真切感受到他们对这个国家的真情实感。

我个人认为，自古以来天皇需要履行的重要职责之一便是赞美自己的国土。在古时，天皇和地方长官会登上高台，通过观察地势、景色和人民的生活状况，来寻找适合耕作的土地，并预祝秋天的丰收。因此在日本留下了很多叫"国见岳"的地名，讲述天皇的这种传统，它象征着天皇所拥有的日本国土。天皇会为各地亲自取名，通过咏唱和歌来表达对国土之爱，祈祷五谷丰登。现在天皇还会在植树节、开创富饶之海大会期间访问全国，天皇始终在为日本的国土祈福。

同时，旅行和国际亲善活动也是皇室的重要职责。1959年4月10日天皇成婚，第二年2月长子浩宫诞生。1960年9月，日美修好100周年之际，还未完全从产后彻底恢复的美智子和皇太子殿下一道访问了美国。长达两周的旅行承担着日美亲善的重大使命。此次行程的目的地包括夏威夷、旧金山、洛杉矶、华盛顿、纽约、芝加哥、西雅图、波特兰等多个城市，他们常常需要在飞机上过夜，在到达目的地之后来不及休息便立即开始在当地的活动。

回国后刚1个月，尚未从疲劳中恢复的他们又不得不开启另一段正式访问。他们作为昭和天皇的代表访问了亚洲、中东、非洲。两人留下才9个月大的浩宫，搭乘当时的螺旋桨飞机走访了伊朗、埃塞俄比亚、印度、尼泊尔等国，到访了4国10个城市，耗时长达1个月之久。

当年接连两次的访问直到现在仍被人们铭记着，特别是他们的访美之行。当时的宫内厅长官宇佐见愧疚地说："因为我们经验不足，没有考虑到时差对殿下夫妇身体的影响"，可见他们行程的辛苦。

留下尚未满周岁的儿子，开启两段旅程的美智子肯定十分挂心吧。据当时的知情人透露："皇室允许皇后亲自抚育子女，皇后对皇室的破例之举十分感激，这种感激之情超越了一切。"身为母亲的喜悦成为她克服这些困难的动力。

美智子在访问国也给许多当地人带来感动。华盛顿的女记者团代表在与皇后见面后写了一篇报道说："面对具有如此高贵品格的皇后，我们难以提出刁钻的问题。"此外，不善赞美女性的印度首相尼赫鲁居然称赞说："能见到皇太子妃殿下我深感荣幸。"并如父亲般亲切接待了她。

在力行国际亲善活动的同时，他们还要前往全国各地探访热情高涨的民众。

2004 年 8 月，天皇夫妇第 8 次访问宫崎县，他们初次访问当地还是在 1962 年 5 月，当时浩宫才两岁三个月。在 1962 年的初次访问中，他们早上 6 点 05 分从东京出发，前往宫崎、鹿儿岛、熊本三县，历经长达两周的漫长旅途。此行的主要目的是出席九州的红十字大会以及实地考察各行各业的发展，因此日程排得很满。即便是在晚餐过后皇太子夫妇还要在每个县安排和自己同龄的年轻人交流（当时皇太子才29 岁——译者）。出席交流座谈的有从事农业、林业、水产业、畜产业、商业活动的人士以及保育员、保健师、营养师和主妇等。通过和民众的直接对话，皇太子夫妇更多地了解了当地平民的生活。当时还处于为了推进战后复兴热情满满的年代，被选为代表的年轻人充满激情，座谈持续了近两个小时。

在鹿儿岛有神代三山陵，天皇夫妇还访问了神武天皇的父母神的吾平山上陵、彦火火出见尊的高屋山上陵、琼琼杵尊的可爱山陵（都相距很远）。日后出访时他们都会参拜各地天皇的陵墓。

在熊本，他们访问了慈爱园这个儿童养护之家，当天正好是母亲节。他们在观看了孩子们演唱《妈妈、妈妈》这首歌后，作了一首和歌纪念此行：

孤歌母亲节

母思想

远方家中小儿郎

在前述纪宫的书面答词中有这么一段话：

……随着时代的发展，皇族的孩子们可以在父母身边成长，过上家庭生活，对此我深表感谢。但是天皇从我小时候开始便一直将公务置于私事之上。除了处理国际、国内各种公务以及应对自然灾害等重大事件之外，他还要参加宫中祭祀，这占据了他所有日常的时间，因此他经常取消和家人的娱乐安排，对此我虽然感到遗憾，但正是这样我才知道天皇关心民众的痛苦和悲伤。在无言之中我感到了天皇夫妇工作的重担，他们这种纯洁无瑕的奉献精神让我感动。

在少女时代亲近自然又开朗豁达的皇后喜爱文学和艺术，尤其是诗歌，在家庭的关爱下和朋友、恩师互相交流。此后有了和皇太子之间的浪漫故事，嫁入皇室……时间慢慢塑造了现在的她。

一路走来，皇后在旅途上体现了亲切和蔼又坚韧不拔的品格。接下来的故事正在静静地翻开新的篇章。

30

踏上旅程
——母亲的女儿

2005 年，纪宫公布了自己的婚约，我应《妇女公论》杂志之约以《踏上旅程》为题就皇后和清子之间的关系写了一篇文章，本章即在这篇文章的基础上修订而成。

纪宫清子订婚的消息发布时我还在旅行地屋久岛，我是通过电视上播出的快讯得知此事的。当时的新闻报道都是地震及其引发的灾害这些负面消息，好不容易才有一则喜讯，为此我十分高兴，充满了祝福的感慨。

我第一次见到纪宫是在 JBBY 的国际大会上。1998 年①

---

① 原文误写成 1988 年。——译者注

皇后原定在印度召开的第 26 届 IBBY 国际大会上进行主题演讲，但因印度进行核武器试验被迫取消行程，只能以录像演讲的形式参加此次大会。后来日本赴现场参会的相关人士向皇后进行大会报告，纪宫也受邀一起参加。她们两人到位于中野区安静的住宅区中的东京儿童图书馆参加活动。她们似乎都刚刚结束公务，是先后到达的。皇后对晚到一些的清子和蔼地说："我在皇居内好像和您刚好错过……"顿时，会场的气氛显得十分祥和。当天东京儿童图书馆理事长松冈享子在图书馆内小小的"故事之家"为她们做报告，在用烛光照明的房间里她们坐在儿童座椅上，回忆童年，度过了轻松的时光。身穿苔绿色西装的清子在与参会者攀谈中始终表现得十分稳重、得体。

内亲王纪宫清子是皇太子明仁亲王（平成天皇）的长女，她于 1969 年 4 月 18 日在宫内厅医院诞生。父亲明仁亲王和兄长浩宫、礼宫殿下都十分高兴。在她出生的第二天，明仁亲王带着浩宫、礼宫殿下前往宫内厅医院探望，两位皇子第一次见到了自己的妹妹。在出生 20 天之后，纪宫被美智子带回东宫御所。在纪宫的房间里有礼宫在东宫御所的庭院里为妹妹摘的黄色的蒲公英花。

美智子在纪宫出生时作了一首和歌：

白桦叶绿黄

映彼方

神怡玙珃思无量

医院不寻同

"回家了"

儿随母亲择家行

夕阳舞婆娑

屋烁烁

晖撒娇女花婧婧

自古以来皇室成员会以自己身边的事物作为自己的"徽章"，纪宫的徽章是"睡莲"。皇后在嫁入皇室第二年的夏天，在那须御用邸拜访了昭和天皇和香淳皇后。在回谷湿地，昭和天皇告诉她里面开着的可爱的白色花朵是叫"末草"的睡莲原种。皇后十分珍视当时的回忆，一直希望"如果生下女孩会用睡莲作为她的徽章"。1979 年对当时在那须的回忆，她作了一首和歌：

那须沼泽田

父王言

此花名曰末草莲

2004 年 10 月 20 日，皇后迎来了古稀之年。对记者提问的书面答词中她就纪宫出生时的情形写道："结婚之后我的个人生活发生了巨大的改变，天皇一直以宽厚的胸怀接纳我，三个孩子为我带来了许多喜悦。我很喜欢男孩，但是第三个孩子清子到来时的喜悦还是令我难忘。这些孩子在昭和天皇、香淳皇后的注视之下成长，那些日子对我而言都是难忘的回忆。"

美智子说她"很喜欢男孩"，她愉快地回忆道，自己的童年与其说是少女时代不如说是少男时代，想必她在和亲王做游戏的时候自己就像男孩子一样同他们玩耍吧。终于她等来了内亲王的诞生。日本电视台有一盘录像记录下了清子在婴儿车上无比可爱的样子，礼宫在摸着她的脸蛋儿，全家人都被逗乐了。这温馨的一幕被摄像机记录下来。

纪宫在全家的关爱下健康成长，她在 15 岁的时候写了一首诗：

母亲节我画了一幅夕阳的画

因为夕阳有些像妈妈

所以我才画夕阳

仅仅如此而已

妈妈珍重地把它摆在了书架上

因为从书架那里可以看到夕阳

它被摆在了与窗户很近的地方

在繁忙的公务之余，皇后会在每天早上为纪宫制作便当，并且一定会在玄关目送她上学。在小学低年级的时候，她每天会在纪宫的房间认真地用小刀为她削铅笔。

在皇后的呵护与陪伴下，清子成长为一个无比热爱自然、聪明、温柔的女性。

帮助皇后出版《架桥》以及《发自巴塞尔》等著作的末盛千枝子就皇后和纪宫之间的母女关系说道：

在准备出版《发自巴塞尔》的最后阶段，因为恰逢天皇住院，皇后除了日常辛劳之外还要忙于陪护天皇，照顾前后。在此期间纪宫对我的工作帮助很大，我从心底感到她的聪颖。和我在皇后失语时的想法一样，我想这样优秀的女儿出嫁之后天皇夫妇一定会十分寂寞……

虽然纪宫十分低调，但其实她是天皇一家的核心。在上述的皇后古稀之年的答词中，皇后回顾自己出嫁的日子时说：
"迎来古稀，成长在父母身边并被他们守护的日子早已成为遥远的回忆。离开家的当天早上，爸爸说'请遵从陛下和东宫的心意生活'，母亲默默地紧紧拥抱着我。我从父母那里学到了很多。"

纪宫也终于迎来了离开父母身边的日子……皇后的支柱、公主清子在结婚前的心情又是如何呢？

一直以来纪宫接受天皇夫妇的请求，"在结婚之前，希望你作为内亲王，度过一段充实的生活"。她确实认真履行了自己身为内亲王的职责。纪宫每周两天在位于千叶县我孙子市的山阶鸟类研究所工作，此外，身为皇族成员她在许多领域都低调地履行了自己的职责。她参加国内外正式活动以及出席典礼的次数多得惊人，而且对于每次活动的情况她都认真记录了下来（《日复一日》这本书不大为人知，它收录了纪宫创作的御歌和精彩言论。这本书的标题取自纪宫写给天皇夫妇的御歌——《新的一日 覆盖了过去 不停顿间 留下了长串的脚印》。该书不仅记录了纪宫作为昭和、平成年代的内亲王的心路历程，还生动地描述了纪宫眼中天皇夫妇的形象。她身为皇族的证言十分珍贵）。

作为清子的未婚夫而被全国瞩目的黑田庆树，其实是秋筱宫多年的朋友。清子肯定是在哥哥温情的目光之中和黑田先生交往的。他们交往了近两年，可见他们是在恋爱之后才结婚的。

一开始许多人对于嫁入民间的皇室女性感到困惑，但我坚信聪明、意志坚定的清子一定会过上幸福的生活。我切实感到我们要给她一个安静的生活环境。清子的研究对象是美丽的小鸟——翠鸟。翠鸟所需的重要生存条件便是安静，其实清子也和翠鸟一样需要安静的环境……

在完成以上文字之后时间已经过去了 9 年。当年 11 月清子成婚的日子我仍记忆犹新。

当天的婚礼给许多国民带来了极大的喜悦。植田伊都子接受清子的请求，在和皇后商量之后认真地为她制作了纯白色的婚纱。她的婚纱看上去非常简洁，几乎没有装饰，布料是皇后挑选的厚重的日本丝绸，做工精致。清子选用的装饰品是小粒珍珠做成的项链，她还戴上了漂亮的珍珠耳环，但是被头发遮挡了看不到。如清子的名字一般她是一位清爽的新娘，但她身为内亲王充满了高雅和尊贵的气息，她的样子让许多人为之心动。美智子太子妃在二十几岁时和皇太子一起对美国进行正式访问，当时华盛顿女记者团的 10 位记者以茶会的名义与美智子举行一问一答记者会。记者会结束之后，"可爱而不失尊贵"（sweet and dignity）这个评价出现在了第二天的报纸上。我觉得清子婚礼当天的样子正和美国记者所表达的一样，"可爱而不失尊贵"。

　　当天晚上在帝国酒店举办的婚礼上，清子穿上了母亲在年轻时曾经穿过的装饰着贝桶图案的白地和服，和服的带子也是母亲赠送的皇家御用品。这是清子的主意，也是皇后的愿望，这种装束最适合身材苗条的清子了，据说她为了挑选图案和婚庆用品颇费了一番功夫。清子没有在婚礼上换装，婚礼也没有切婚礼蛋糕的环节，在现场的亲族们目光十分祥和、充满了温情，他们都殷切地注视着可爱的新娘和稳重的新郎。

　　婚礼现场的气氛始终喜庆祥和，宴会上的音乐也是皇后特意为女儿挑选的。经常和天皇一家一起演奏的内田辉和他的朋友一起演奏了四重奏。

　　日后内田将当天的曲目制作成名为《致可喜的日子》的私人 CD，送给了天皇一家人，在得到宫内厅的许可之后，我得知了其中的曲目：舒曼的《胡桃树》、约翰·帕赫贝尔的《卡农》、爱德华·麦克道威尔的《致野玫瑰》、克莱斯勒的《美丽的罗斯玛琳》、海顿的《小夜曲》、罗杰斯的《音乐之声》、罗威的《你住的街道》、下总皖一的《野菊》以及矶部俶的《致遥远的朋友》、海顿的《云雀》等。

　　担任婚礼主持的是天皇的朋友，和皇后、清子关系亲近的小山敦司。

　　嫁入黑田家的清子仍和内亲王时代一样谦虚谨慎，并学

会了身为平民如何去生活。在生活安定下来之后她又重新开始
了鸟类的调查研究工作,现在除了在山阶鸟类研究所担任研
究员之外,还在玉川大学的教育博物馆担任兼职研究员。她不
仅撰写论文还从事图鉴编纂,积累了一定的学术业绩。在玉川
大学她还为举办古尔德展览做出了贡献。清子在婚后完成的最
重要工作是在去年(2013年——译者)11月举办的20年一
次的伊势神宫迁宫仪式中担任临时祭主。

在举行此次迁宫仪式的两三年前,天皇对仪式能否顺利
举办十分担心。因为在迁宫仪式中承担重任的他的姐姐池田厚
子身体状况不佳。厚子比天皇大两岁,她一直负责在迁宫仪式
中最重要的夜间两次的迁徙仪式以及诸多祭事。当时厚子对神
宫方面表示希望继续承担祭主的重任,天皇和神宫方面对此
并无异议,但是他们担心厚子因年事已高发生意外,而且她
的丈夫池田隆政长期患病,担心厚子届时因故不能担任祭主。
有鉴于此,天皇和皇后商量之后决定,为应对突发情况,让
清子做好准备,随时待命,担任临时祭主。

在举行迁宫仪式的一年前,清子已经担任过神宫的几个
祭祀的临时祭主,为了此次祭祀她认真准备,在迁宫仪式举
行时她就地待命。她按照祭主的要求在仪式前进行了参笼和洁
斋仪式。身为替补即使知道自己的工作可能是徒劳,她也和正
式面对祭祀一样认真负责,原内亲王清子便这样默默地接受

了自己的任务。在迁宫仪式前一天厚子身体状况不佳，在仪式当天她只完成了白天的礼仪环节，内宫外宫进行的夜间仪式只能由清子来接替。在超过 4 小时的整个仪式过程中，每一个重要的仪式之前清子都仔细询问池田祭主，在周到完成临时代行的致辞之后，她才前往仪式场地。

清子出色地完成了临时祭主的任务。在内宫以及外宫进行的"迁御仪式"中，身着祭祀服的清子将她的内心如实地表现在了行动上。她看起来神采奕奕，展现出日本女性特有的美感。但是最打动我的是某人说的一席话："可能此次任务不会让你出现在舞台上，只是身居幕后。要不是来自天皇夫妇的直接委托，不可能把清子放在这样的位置上啊！"20 年一次的重要仪式终于顺利结束，在天皇的姐姐、昭和天皇的内亲王、高龄的厚子和平成天皇的内亲王、年轻的清子两人共同合作之下迁宫仪式圆满地完成了。

2014 年 3 月 25 日，天皇夫妇来到了伊势神宫。因为去年刚刚举办了迁宫仪式，所以他们在迁宫之后到访。时隔 20 年他们带来了天皇的玉玺和作为神器的剑玺，庆祝迁宫仪式顺利完成。皇后身着暗金色的西装出席了此次活动。

皇后为在伊势神宫迁宫仪式上发挥了关键作用的女儿清子作了一首和歌：

送女伊势行

明眸凝

女奉行馆近迁宫 ①

这首和歌充满了母爱，我们也可以从中感受到皇室女性职责的传承。尽职的皇后对清子的付出一定十分高兴、自豪。

---

① 位居日本神社之首的伊势神宫，自古以来每隔20年举办一次隆重的迁宫仪式，祭主由皇女出任。

31

池田山的回忆

在刚刚入秋雨后的傍晚，我到访了在东京都品川区的池田山正田家旧址——"合欢树庭院"。它是住宅区中不显眼的"秘密花园"，这里静谧且温暖的氛围能让人感受到心灵的洗礼。这里种植着皇后在和歌中咏叹的花草树木，如白桦、萱草、桑树、欧丁香、日本菊、玫瑰等，有60多种植物；皇后在和歌中提及的草木在庭院中都会配有文字标示。

花园的名字"合欢树庭院"源于皇后在高中时代创作的诗——《合欢的摇篮曲》。豆科植物合欢树的叶子在夜晚会合上，看起来好像在闭眼睡觉，因此被称为"睡觉的树"。①

① 日语为ねむの木，"ねむ"意为"睡"。——译者注

《合欢的摇篮曲》由山本直纯的夫人山本正美作曲，吉永小百合等著名演员都曾演唱过，此外还被改编成了小提琴曲和大提琴曲。皇后将这首诗的版权捐赠给了身有残疾的儿童们。

庭院里的一块宣传板上写着：

萨摩喜入坡[①]

夏日乐

合欢芬芳花朵朵

鹿儿岛市喜入的一个眺望台也有写着这首和歌的石碑。而为石碑挥毫的正是昭和天皇的侍从、出生于喜入的安乐定信。进入平成年代之后他还长期担任皇太后宫职[②]大夫。

萱草在夏天的夜晚开花，第二天早上便枯萎。它在皇后和天皇有共同美好回忆之地的轻井泽是十分常见的一种花，在御所的院子里也种着。

细心呵护花草的园丁告诉我："美智子曾经来过这里两次。"

雨后清香四溢的花园里有一个棕色的塔形装置。它是原

---

① 鹿儿岛的地名。

② 皇太后宫职是宫内厅设置的负责照顾皇太后生活起居的机构。其长官名为大夫。——译者注

来在正田家安放暖炉的地方放置的一盏煤气灯。那里曾是他们家庭聚会的重要场所。过去在这个暖炉前，他们一家是多么其乐融融啊！让人们不禁想到曾经的正田家的样子。

现在仍留在人们记忆之中的世纪婚礼的当天，宫内厅派出的迎接车辆到达门前，美智子和家里人依依不舍地告别，他们一家守护着美智子成长为皇太子妃殿下……

为纪念美智子的父亲正田英三郎伞寿（八十虚岁生日——译者）而出版的传记提到，英三郎夫妇在结束了为期一年赴欧洲制粉业的考察之行，于 1931 年归国，1933 年在东京都品川区五反田，俗称"池田山"的地方建起了自己的新家。池田山是旧冈山藩藩主池田家在东京的住宅所在地，因此而得名。池田家大约占地 990 平方米；房子是木结构的 2 层建筑，大约 200 平方米，是气派的英式风格，其间历经改建、扩建。美智子成婚成为皇太子妃之后，为了不影响车辆出入，他们改变了玄关的位置，房子的样式也因此改变了不少。

一层的餐厅旁边是带暖炉的客厅。无论是在喜悦还是在忧心的时刻，一家人都会聚在暖炉边共度时光。

在战争末期盟军对东京的空袭愈加猛烈，因为危险的加剧，全日本开始疏散学龄儿童。正田一家从鹄沼、馆林、轻井泽再回到馆林，颠沛流离。在东京工作的英三郎一人留在了池田山，而长子正田严则住进了武藏高中的宿舍。

1945年5月25日，东京的山手一带遭到空袭。当时正田家也遭到燃烧弹的袭击，多亏了佣人及时灭火而没有造成大患，但在战后却被盟军驻日部队征收，英三郎不得不在附近寻找临时的住处。

1952年在征收解除之后，房子回归原主，但房子内部的破损十分严重，英三郎不得不在修葺之后才从临时住处搬回来。随着孩子们长大，他们扩建了日式的房间，但美智子母亲的房间仍保留着英式风格。

正田家的习惯是冬夜在有暖炉的客厅里全家人聚在一起快乐地交谈。父亲英三郎会拉小提琴，哥哥正田严会拉大提琴，而美智子和妹妹惠美子会弹钢琴，弟弟正田修从小学开始便学习小提琴，他们全家都很喜欢音乐。父亲英三郎的书房里以及哥哥正田严的房间里有很多书，可见他们家对教育的重视。

和美智子相差一岁的堂姐，在疏散时一起生活过的俳句诗人柚木纪子也曾提及自己对池田山的回忆。柚木说美智子小时候是和男孩儿一样好动的大千金。她十分喜欢一下子跳过庭院斜坡上的杜鹃花灌木丛，还喜欢吮吸山茶花的蜜汁……母亲富美子甚至经常担心这样下去山茶花会越来越少……柚木打趣地回忆说："吸蜜汁时不吸入花粉可是一个技术活。"

在他们家美智子还喜欢玩从阶梯上跳下来的游戏。美智子会念着魔咒般的话语来挑战跳跃，"她每次跳的时候都会叫道：'伊藤哥儿要跳了'，然后漂亮地一跃。"柚木在小学五年级的时候，和四年级的美智子一道被疏散到鹄沼，美智子在日式客厅的上门沿上挑战跳跃成功，此后还完成了从低矮的房顶跳到下面的沙地上的挑战。为生活奔忙的母亲富美子和婶婶郁子大概都不知道这些小孩子的冒险绝活儿吧。

在五反田家中，顶层用于储物的小屋里放着为哥哥正田严日后学习而收集的青少年读本和彩色铅笔等文具。少女们曾悄悄在这个房间里探秘，她们说："再过一段时间我也要读这些书了呢"，"这支彩色铅笔可以画些什么呢"，她们发挥自己无边的想象，玩得十分开心。

美智子妈妈的朋友竹山千代子（已故）的丈夫在建设省工作，他们夫妇都热衷于举办音乐会和沙龙活动，并与正田家有着密切的往来。竹山对美智子的成长十分惊叹，她说："她不仅身体健康，而且没有任何缺憾，十分完美，真的太优秀了。我对能培养出这么优秀的大小姐的母亲感到羡慕。"对于竹山的话，母亲富美子总是谦虚地笑笑，说："我也十分感谢美智子。"富美子对远在岛津山没有住在一起的公公婆婆总是十分关心，生活也因此十分忙碌。她和美智子的关系说不上亲密。但美智子体谅母亲并尊重和深爱她，这样的母女关系想必让竹山夫人十分有感触吧。竹山的哥哥是《缅甸的竖琴》的作者竹山道雄。在竹山夫妇举办的沙龙中，美智子和道雄门下、在第一高等学校^①学习的有为青年同席，她像他们的妹妹一样，了解了在伊朗、伊拉克的考古挖掘队和有关东洋美术的故事，接触到了柳兼子、原智惠子、长冈纯子等人的歌和钢琴曲等，积累了丰富的社交经验。

但从 1958 年夏天美智子和皇太子邂逅以来，一家人卷入了命运的漩涡。这超出了女儿的个人幸福问题，成为举国上下关心的事。在事态演变的过程中，为了让美智子免受干扰，静静守护美智子内心的是母亲富美子。在母亲温暖的守护之下美智子一直在思考一个"无愧于自己的答案"。

我特别喜欢美智子和她的母亲富美子在一起的那张照片，并在电视节目里使用过多次。在那张照片里两人好像在悄悄地说着什么。据说富美子在思考的时候总是一个人在花园里除草，这样可以让她心无旁骛地直面自己的内心。

成为皇太子妃之后，美智子选择了和皇太子有共同回忆的白桦作为徽章。她在娘家的庭院里也亲手栽种了白桦树。也许是为了代替不能回到娘家的自己，她希望白桦树能成为自

---

① 相当于东京大学的预科学校，1950 年废除，一部分并入东京大学教养学部。——译者注

己的替身和家人在一起吧。出嫁之后除了在公开场合短暂的相聚之外，母女之间几乎就没见过面……

> 离别揩无泪
>
> 母不语
>
> 落芬思绪销人悴

——皇太子妃美智子所作和歌（1978 年歌会始）

1990 年，在举办天皇即位仪式时，皇后美智子穿着的礼服上有白桦的图案。但是富美子已经无缘看到皇后盛装打扮的样子。1988 年 5 月 28 日，正田富美子去世，享年 78 岁。父亲英三郎在静静地度过了多年的鳏居生活之后于 1999 年 6 月 18 日去世，享年 95 岁。

在大约 70 年后，正田家这个曾经充满喜悦和哀愁的地方，在 2002 年被拆除。两年过后，在正田家旧址上修建的合欢树庭院正式对外开放。

> 四照花儿白
>
> 满树开
>
> 母去万花尽绽彩

　　黄昏时，合欢树庭院的煤气灯散发出柔和的灯光……第一位平民出身的皇太子妃美智子从出生到成婚前的记忆仍留在这里。

32

祝福者

　　每月 1 日，天皇都会在皇居森林深处的宫中三殿出席旬祭仪式，这是为了祈祷国家平安和国民幸福。每年举行的宫中祭祀分为需要天皇夫妇共同参加的以及旬祭这样由天皇单独参加的仪式（2008 年之前规定每月 1 日参加仪式，2009 年之后仿照昭和天皇的先例，只参加 5 月 1 日和 10 月 1 日的两次旬祭，此外的旬祭都交由代理进行）。

　　在旬祭当天，皇后会到玄关送天皇出门，之后便在 2 楼自己的房间里静静地等待天皇归来。天皇来到三殿的中央祭祀御神宝镜的贤所，他会根据时辰走到户外，面向某个方位进行遥拜。

皇后从 1 月 3 日的元始祭开始参拜贤所，一直到年末的大正天皇祭为止。除了一般的祭祀之外，历代天皇去世后每隔 100 年要举行"式年祭"。有时天皇夫妇需要配合海外旅行调整时间，多的时候每年有将近 20 次祭祀。此外，他们每年还要为昭和天皇陵和香淳皇后陵扫墓。

长达 20 多年担任东宫妃美智子女官长的松村淑子说：

> 根据古代的仪式规定，在贤所举办的皇室祭祀的准备工作要花很多时间，有时候会十分辛苦，在祭祀前后多次进行的洗手和漱口也必须遵守古代的流程。皇后总是说："一开始觉得有些烦琐，但仔细想想，过去人们都是从很远的地方来到圣地，这些仪式可以舒缓他们旅途的劳顿。通过不断漱口、洗手，他们远离尘世的喧嚣，让自己从俗世进入圣地，在自我省思的同时进行祭拜。"此后一连串的流程十分重要，人们从古老的仪式中寻求意义，有时即使无法理解也要坚持，在经过一段时间之后皇后会自己发现另一种解释。皇后这种罕见的忍耐力以及沉稳的态度，使她得以履行昭和时代东宫妃的重任。①

在祭祀时，皇后要穿上沉重的装束，每一个动作都必须

---

① 『文藝春秋』2003 年 11 月号。

缓慢、优雅。在第一次作为东宫妃参加祭祀时,她仔细请教了被称为内掌典的在贤所工作的女性年长者,可见她对每一次祭祀都毫不懈怠。

内掌典是平安时代以来皇室雇佣的内廷职员。她们是每天侍奉神明的女性,一切规矩都是口传心授。因为贤所是神圣之地,不容污秽,只有清和次两种规矩。"清"即指清洁、清净;"次"则是不干净的意思。为在御殿和神明面前保持清洁,她们起床后必须洁斋净体,此后身上穿戴的东西和行动都会被分为"清"和"次"两种。

清净、虔诚地进行祈祷是世界上所有宗教的共同之处。但是皇室的祭拜对于身体而言也是很大的负担。光是想想在贤所中皇后度过的漫长时间,恐怕大家都会对皇后的坚守产生敬穆之情。

1959 年 4 月 10 日,皇后成婚。她在天主教会学校的学习确立了认真对待祈祷的态度。在嫁入皇室这个日本最古老的家族之后,虽然祈祷形式有所不同,但祈祷的内涵是不变的。在历经皇族生活近 40 年之后的 1998 年 10 月 23 日,在母校圣心女子大学创立 50 周年纪念的典礼上,皇后谈到祈祷时说道:"……当时,在圣心除修女外,还对学生进行了如此的教育,就是专门从事劳务的修女也要参加。她们一边工作一边祷告,空闲时也做祷告,其情景至今仍历历在目。毕业后,这些修女根植于劳动的姿态，每每会勾起很多回忆。"

皇后初次在公开场合提及"皇室和祈祷"是在 1998 年的记者会上。当记者问到王室的作用时她回答说："王室和皇室的作用，是在不断变化的社会当中，以不变的立场长期持续地保持事物的本原，并不断祈祷一切事物保持它应有的状态……"此外在第二年 1999 年，天皇即位 10 周年的记者会上，对记者提出的"天皇夫妇应该起到的作用"，她回答道："天皇在不断祈祷国民凭睿智可以进行良好的判断，祈愿人们的意志能往好的方向发展。我在天皇身边，也祈祷一切能保持它应有的样子，并希望承担自己的责任"，这是皇后一直以来的想法。

纪宫在记者会上谈到自己的父母时说："根据时代的要求，许多新工作需要开始，此外……皇室的传统也必须要由他们继承。……继承世世代代的传统并保持对人们日常事务的关心，在生活当中，他们必须将两者合理安排，避免冲突。他们每天就是这样度过的。这也是人们能切实感到作为象征的天皇和皇后存在的原因吧。"

我曾经在哪里读到过，说"天皇夫妇的生活近似于修行……"确实天皇夫妇生活中的许多时间都在"祈祷"，更确切地说，祈祷构成了他们生活的本身，而说公务和日常事务就是他们生活的延长线一点都不过分。

联合国原秘书长安南在与天皇会面之后说："我的印象是天皇和西欧的国王不同，他更像是神职人员。"吉尔吉斯斯坦原总统阿卡耶夫的夫人在采访中说："和皇后见过面的人都感觉自己的心灵受到了洗礼，因为大家都切实感受到了她的巨大能量、温柔和诚实。"我觉得这都和天皇夫妇每天的祈祷有关。

秋天是收获的季节。11月23日迎来了新尝祭。新尝祭需要天皇一人和神明一同品尝新米等神的贡品。男性皇族可以列席。天皇必须斋戒沐浴，新尝祭需要在夜里和白天进行两次祭祀。自古以来天皇的神圣使命便是创造一个富饶丰裕的国度。因此在以大米为主食的日本，新尝祭是有着极其重要使命的祭祀。

当天，皇后也要洁身，穿上深红色的裙裤和白色的内衣，在御所留守。进入平成年间之后，据说皇后在当晚会抄写日本全国献上的大米和粟的名字来度过这段时光。

皇后每年都会抄写农民为稻谷取的名字，并等待天皇深夜回家，有"越光""秋田小町""云母""森林之熊"这样可爱的名字以及"月光"这样浪漫的名字。

过去和皇后有着长期密切交往的白百合女子大学玛丽·菲洛美努教授经常说："祈祷并不仅仅是祈愿，感谢和赞美也是祈祷"，皇后抄写稻谷的名字，也是对带来丰收和富裕的农民进行的充满感恩的祈祷吧。

2013 年皇后生日之际，她就宫中祭祀说道：

> 在祭祀中，全身心地投入去完成这些自古传承下来的举
> 动十分重要……我希望用身体记住这些举动，并作为传承者
> 将古代的传统全力传承给下一代。

"传承者"这个词显示了继承为人们祈祷这个传统的重要性。

我在第一次采访皇室时远远地望着皇后，她好像沐浴在
阳光下。那不可思议的光彩……肯定是在祈祷中生活的皇后的
内心写照。

33

寄语成婚55周年

2008 年 12 月 23 日，庆祝天皇 75 岁生日的一般性庆贺活动使到访皇居的人数达到天皇即位以来的新高，大家挥舞着国旗表示对天皇生日的庆贺。当时天皇的身体抱恙，因此很多忧心的民众想来看望他。

在 12 月美丽的阳光中，民众经过安检之后便可以前往宫殿东园。"我想赶紧去看看天皇，没想到细细的沙子摩擦力很强，根本走不快。"从千叶来的一直担忧天皇身体的一位 60 岁的女士说道。虽然在电视上经常看到一般性庆贺的场景，但这是我第一次亲身前来，亲临现场让我更加感动。在此观光的外国游客和带他们来的日本人都一起感慨皇居宫殿的优美。

在雅乐声和民众高涨的热情之中，天皇夫妇静静地出场了。在他左边的是皇太子德仁和雅子妃，右边的是秋筱宫和纪子妃。天皇以振奋的神情和响亮的声音缓缓地说道，感谢一直担心他身体的人，在严峻的经济形势中人与人之间的支持十分重要，希望大家一起共克时艰，他还说了很多鼓励国民的话。宫内厅的职员说，在早上和职员彩排的时候，天皇因为感冒，声音还有些嘶哑。但没想到在正式的演讲中他的声音居然能穿透厚厚的玻璃窗传到人群中，我觉得天皇能发挥得如此出色肯定是在现场高昂的气氛中为他送上祝福的人们使他备受鼓舞……

日子过得繁忙甚至有些严苛的天皇夫妇在影像中总是相视而笑。在他们不经意的动作中我们可以感受到他们之间不变的爱情和全身心投入工作的犹如年轻夫妇般的朝气。

对美智子用职业女性一词并不十分恰当，但鉴于她所肩负的职责之大，在众多领域要完成的工作量之巨，在国内外各地访问时的表现如此完美，以及这 55 年间她付出的所有努力，我觉得她是一直在工作的女性。

天皇在皇太子时代便说对于皇室而言有四个重要的祈祷日。它们是"广岛原子弹爆炸之日""长崎原子弹爆炸之日""战败日"，以及日本本土唯一经历激烈战斗的"冲绳战役结束之日"。在这些日子里他们会自肃，停止一切娱乐活动，带着守护和平的决心不断默默祈祷。

2009年3月30日，日本电视台播出了《天皇皇后成婚50周年纪念》节目。在节目的尾声播出了天皇夫妇访问塞班岛万岁崖的场景。2005年6月，天皇夫妇终于完成夙愿，访问了很早便希望访问的南太平洋岛屿塞班岛。

当时从背后拍摄天皇夫妇，这是十分罕见的。但这看不到表情的影像更加强烈地体现了两人此刻的心境。节目还介绍了两人一起创作的一首和歌。在旁白中朗诵和歌的是演员大杉涟，他的声音真是催人泪下。皇后在这首和歌中描述了脚踏崖边纵身跳入深渊的女性的痛楚。"千疮足底"真是令人伤感的词语。

崖边恸声回
心欲碎
千疮足底跌血泪

平成年间，天皇夫妇迈着虔诚的步伐走在祈祷的道路上。天皇夫妇孕育出真挚的感情和对家庭的挚爱，展现了为国家、国民、世界祈求和平的不变的姿态。在维护这种姿态的过程中，他们夫妇之间孕育出了一条特殊的心心相印的纽带。

对记者们曾经提出的"作为皇太子妃以及现在作为皇后，每天的心情如何"这个问题，皇后如此答道："我现在对 1959 年成婚时得到来自沿途民众的热情祝福仍然十分感谢，并时常回想起当时的情景。皇室接受出自平民的我成为东宫妃，为了不伤及皇室久远的历史，我感到了责任沉重。此外，我也绝不能辜负那天为我送上祝福的民众的期待，不能有损于我置身其间的庶民的历史。这就是我在此后的岁月中经常想到的。"

从昭和到平成，经历了充实的皇太子生涯，至今年事已高的天皇仍在认真地执行公务，在他身边的美智子成为皇后也已经有四分之一个世纪。现在她已是四个孙辈的奶奶。

人的一生会被离奇的命运所牵引，大家在自己人生的各个阶段进行各种抉择然后生活下去。美智子决定结婚时，皇室的状况绝非高枕无忧，她当时恐怕处于不可名状的不安之中。在这样的情况下，美智子有着和天皇相同的心境。因此她嫁给了出生之后就肩负重任的天皇。

1995 年皇后以《道路》为题写了一首和歌：

索途亦迷茫

长思量

试问殊途向何方

　　正田美智子这位美丽聪慧的女性选择的道路绝非平坦。在 55 年间，她支持肩负重任的天皇，无论公私都为他带来幸福。这位女性的故事，在日后还会展开新的篇章。

34

皇后成婚60周年

让位之春

寂光烨烨辉

长久兮

普苑美美共玫瑰

——2019 年退位前夕

2019 年（平成 31 年），在平成年间最后一次歌会始上皇后发表了这首和歌。同时，在皇居三之丸的尚藏馆还举办了"用和歌追溯天皇夫妇 30 年"特别纪念展，纪念天皇即位 30 周年、成婚 60 周年。展览展出了天皇夫妇所作的和歌作品以及其他相关物品，此外，还展出了两人的肖像画。参访的游客不仅有日本人，也有许多外国游客。开头引用的和歌也配上了英语翻译和解说。解说写道："皇后上年纪之后，在身心俱疲之时，某天傍晚夕阳悄然照耀着御所玫瑰园中的花朵，在夕阳下每一朵花儿都如此美丽地绽放。皇后看到美丽的花儿后内心得到了宽慰，希望自己能郑重对待余生。皇后在这种小确幸之中写下了这首和歌。"这首和歌表达了皇后安静祥和的心境。

即将于 2019 年 4 月 30 日退位的天皇于 1989 年即位。他是战后《日本国宪法》生效后即位的首位天皇，他作为"象征天皇"在位 30 年。在退位之后，天皇将成为"上皇"，皇后将成为"上皇后"。他们会暂住于高轮的原高松宫家中，之后将搬到他们在皇太子夫妇时代的住所赤坂御所内的仙洞御所（原东宫御所）度过晚年。

皇后在 2018 年的生日感言中，表达了对未来在赤坂生活的畅想："……天皇履行皇太子、天皇的职务，并迎来 85 岁生日，为了安抚长期工作的疲惫，今后他将到赤坂生活，对此我感到十分宽慰。"

"我们想看看令人怀念的故居现在变成什么样了呢？日本蒲公英还留下多少？与蒲公英的增减相关联的日本蜜蜂是否还生息于此呢？我们会一起栽种天皇关心的，也是狸猫十分喜欢的矮小天仙果，希望静静地、多彩多姿地度过余生。"

一直以来天皇夫妇为了健康，在周末经常和职员们进行网球比赛。最近似乎这样的机会变少了，不过在周日早上，天皇还是会开车前往皇居东御苑。天皇登上坡道到主城上，透过林间的缝隙看着在皇居前的道路上慢跑和骑自行车通过的人们。天皇夫妇同时也给这些从未交谈过的陌生人默默送去了祝福。这表现了天皇夫妇对国民的深深慈爱。他们现在希望尽早在赤坂御所稳定下来，并安静地度过晚年。

2016 年 8 月 8 日，天皇通过电视就自己"象征天皇"的工作和国民进行了直接的对话。

我即位成为天皇已过去 27 年。在此期间我和大家一同经历了我国诸多的喜悦时刻、悲伤时刻。我身为天皇最重要的工作便是祈祷国民的安宁和幸福。此外我觉得发生重大事件时站在你们的身边倾听你们的声音，关心你们也十分重要。除了作为象征天皇之外，为了履行作为国民统合象征的职责，在向国民呼吁理解天皇的象征立场的同时，我也对自己的情况进行反思，以加深对国民的理解。我有必要在内心保持和国民与共的自觉。在这个意义上，我作为象征天皇重要的公事是访问日本各地尤其是偏远的地区和岛屿。包括皇太子时代在内，我和皇后一起几乎走遍了全国各地，无论访问何处都使我认识到那些热爱家乡，为家园建设做出贡献的人们的意义。我认为能在大家的深深信赖和敬爱之中完成身为天皇心系国民，为国民祈祷的工作，是我莫大的荣幸。

天皇即位以来一直在努力摸索"象征天皇"应有的姿态。在过去几年他不断通过宫内厅参与透露出希望让位的意向，但政府却墨守成规，毫无动静。在等待政府回应期间他的内心是多么苦楚啊！想到此我便十分心痛。

从 1949 年开始作为东宫教育常时参与对年轻的皇太子进行帝王教育的是庆应义塾大学的校长小泉信三 (1888~1966年)。众所周知他在天皇和美智子之间起到了牵线搭桥的作用。而希望小泉信三负责皇太子教育的正是昭和天皇。他赞同福泽谕吉在《帝室论》中主张的，"帝室应该身处政治之外，这样才能永保尊严"，因此身为福泽得意门生的小泉才能被委以负责皇太子教育的重任。①

---

① 此处作者的引用似乎有误，小泉信三并非福泽谕吉的学生。信三的父亲小泉信吉确为福泽的得意门生，并曾担任庆应义塾的塾长。但信三出生于 1888 年，在他 6 岁时父亲去世，信三年幼时被福泽一家收养，在福泽 1901 年去世之前信三确实曾和福泽一起生活过一段时间，但并没有直接受到过福泽的教育。他自己曾回忆和晚年福泽一起生活的日子："小儿眼中无伟人。我虽然亲眼看过福泽，亲耳听过他的说话，但是却从来没有用心观察过他。"——译者注

　　被称为旧式自由主义者（old liberalist）的小泉信三在大正年间度过了自己的青年时代。他身为自由主义经济学家，敬爱天皇。他的父亲曾经担任庆应义塾的塾长，他曾经在英国、德国等地留学，积累了自己的学养和见识，有着开朗人格的他成为战后日本知识分子的代表。他十分重视福泽谕吉的教育方针——"先成兽身，后养人心"，他自己也通过网球运动学习到了体育精神。我也是在庆应义塾的系列教育中成长的，在中学、高中都加入了网球部。因此十分怀念贴在日吉网球部里小泉先生的名言："练习让不可能成为可能。"

　　小泉对皇室的认识很深，他说："光是想到皇室，心里就和祥和的春天一般。"小泉深谙昭和天皇对今后皇室的应有姿态以及皇太子教育方面的深远考虑。在为当时才 16 岁的皇太子首次上课的前一天，他写下："我知道殿下的学习和修养是左右日本日后国运之事。"此后他和皇太子一起阅读哈罗尔德·尼克尔森的《乔治五世传》、福泽谕吉的《帝室论》以及幸田露伴的《命运》等书，他还劝殿下打网球。

　　小泉似乎也经常和年轻的皇太子谈及婚姻的问题。殿下曾说："自己从出生以来对于周遭人的境遇和世间俗事不甚了解，我担心自己对他人的同情心不足。我希望得到一位通人情、有同情心的伙伴的帮助……"

然后皇太子迎来了在夏日轻井泽网球场上命运般的邂逅。皇太子在比赛中偶然碰上的对手是正田美智子，她打球十分有韧性，又聪明美丽，打动了皇太子的心。通过诚心诚意地劝说，他们终于迎来了世纪婚礼。要说这是拯救战后日本皇室的瞬间也不过分吧。

在日本电视台制作节目时，我们还访问了小泉家的次女妙，并问及小泉信三先生的事情。

他的女儿回忆说，有一天他在家中吃饭时十分罕见地沉默不语，看起来没什么精神。担心他的女儿问道："您没事吧？"他说道："我今天严厉警告了皇太子。"之后便哭了起来。这便是小泉全身心指导天皇的一则证据吧。此后妙还告诉我们他去世时的故事。在皇太子成婚 7 年之后的 1966 年 5 月 11 日，小泉信三因为突发心肌梗死去世，享年 78 岁。"在父亲去世时皇太子和美智子从御所花园里带来了花并亲自送到葬礼现场，美智子悲伤的样子超过了刚刚丧父的我……"

首位从民间嫁入皇室的美智子妃处境十分艰难。嫁入皇室之后，她不得不基本断绝了与正田家双亲的往来。对美智子而言，小泉信三如同父亲一般。

时值小泉信三七日忌，皇后作了一首和歌纪念他：

旧日复今朝

　　人易老

　　五月已至君未到

　　这首凭吊和歌放在小桐箱里，桐箱上贴着有美丽刺绣的
布，这是美智子自己和服的布料。

　　2008 年在庆应义塾三田校区图书馆老馆中举办了"小泉
信三诞辰 120 周年纪念展"。天皇夫妇参观了展览。天皇说：
"我承蒙信三老师的关照"，他数度称呼他为"信三老师"。小
泉信三对于天皇夫妇而言是永远的老师。

　　2018 年，皇后在在位期间最后一个生日感言中说道：

　　　　在约 30 年前，陛下献身于天皇这份工作。在半年之后天
　　皇的工作将告一段落。他一直全身心地工作，但是因为年纪
　　的关系他觉得已经无法"全身"地投入工作了，因此他向政
　　府和国民传达了自己的心意。我坚信，从 5 月开始皇太子会
　　和陛下一样，全身心地履行自己的职责。

　　在 24 岁时，美智子选择了这条自己无法预想的道路，在
巨大的不安之中，她被天皇对自己当时的皇太子立场毫无动
摇的执念打动了，并常伴左右。皇后感慨道，回首过往，从成
婚起一直到今天，天皇无论何时都以皇太子、天皇立场上的

义务作为最优先的考量，将私事摆在其次；虽然已经过去了近60年，但陛下始终言行如一。

我在天皇身旁近距离观察，他在履行一个又一个义务的同时，还强化了对国家与国民的信赖和敬爱。此外就如何履行在新宪法中规定的"象征"（皇太子时代是未来的"象征"）立场，天皇不断进行探索。这些日子我回想起来仍感慨万分。

皇后作为天皇的伴侣，她的帮助是无法量化的。天皇将自己作为"象征性存在"走过的日子比喻为"旅程"，说到此他感动并哽咽地说：

明年4月我们将迎来结婚60周年。结婚以来皇后一直伴随着我，理解我的想法，支持我的立场和工作。此外她重视昭和天皇以及我身边的人，并用深厚的母爱抚养了三个孩子。回头看来，我身为成年皇族踏上人生旅途不久便遇上了皇后，在深厚的信赖之下结为伴侣，此后一直相濡以沫。现在我即将结束身为天皇的旅程，我要衷心感谢接受我象征天皇的立场并不断支持我的众多国民；还要对身为国民之一的皇后表示由衷的感谢，感谢她加入我人生的旅途，并在60年的漫长岁月中为皇室和国民献身，真心履行职责。

听到此，我竟感动得热泪盈眶。我相信许多听到天皇这段感言的人都是如此吧……他这席话中的心意，有超越一切故事的力量。听到这段话时皇后的心情又是怎样的呢？

作为首位出自民间的皇后，履行为皇室和国民做贡献的责任绝非易事，因为她要作为旅途上的伴侣理解并守护陛下的一切……我想起了皇后过去在回忆自己童年读书时的一段话。

人自出生以来，在自己和自己周围架起了一座座桥，通过这些桥，加深了对人、对物的关系，然后让这一切变成自己世界的一部分。如果这些桥没能架起，或是架起来之后失去了作为桥的功能，这时人会失去架桥的意志，陷入孤立，失去内心的平和。这些桥不应面向外界，而是应该面向内部，不断地探索自我内心深处，来发现真正的自己，促成自我的确立。

成婚 60 年来仍在旅途上的皇后还在继续架设着通往人们心中的桥梁。这些桥梁不仅通往日本国内还远及世界各地。

晴空晨雾散

一线牵

濑户诸岛桥相连

从昭和到平成，这是皇后在天皇即位当年所作的和歌……本四架桥、濑户大桥是昭和年间大型工程的象征。这首和歌也包含着架设起不同时代之间的桥梁的意思吧。

平成年间的天皇和皇后将先代天皇的话语镌刻在心，天皇夫妇体恤国民，为战争受害者慰灵，对遭遇灾害的灾民送去鼓励……

过去皇后曾说："希望皇室祈祷。"她将作为"祈祷的皇后"留名青史吧。我想皇后心中架起的桥梁在今后将继续抚慰人们的心灵，成为通往下一个时代的桥梁。

结　语

　　在制作皇后美智子的节目期间，我与"VOCATION"（天职、使命）一词相遇。有的人会把它翻译成"天命"。从那以后我便用这个词鞭策、激励自己。在苦恼和迷茫的时候，总会想起这个词。

　　虽然我没能单独采访皇后，但是通过采访她周围的人，我认识了皇后许多优秀的朋友。通过他们，我感受到了皇后带有使命感的生活姿态以及为社会贡献自我的信念和能力，可谓是现代版的"贵族的义务"（noblesse oblige）。

　　"伟大的诗人是宇宙远方来的彗星。"我在看到这句话时便想起了皇后。在日本战后复兴的征途中，美智子进入皇室，成为首位平民出身的妃子，她也许是上天赐予在战后苦难中奋争的日本国民的一个礼物。在面临种种困难的现代和未来，她一定会继续温和地守护着我们。

聪慧、有着耀人之美的正田美智子嫁入皇室这个日本最古老的家族，并成为没有姓氏的"特殊的存在"，她从那时便开始了自己的"生命之旅"。而这个旅途上，皇后自己的"VOCATION"这个使命感在助动她前行。

我在以皇后为主题的节目采访过程中也获得了许多宝贵的经历，它们都成为我生命中的财富。

平成皇后美智子一定会成为名垂青史的皇后，因为她有着日本民族自古以来便珍视的清明之心……

我在此祝福她永远健康地生活下去。

致谢

　　我在 2004 年的《妇女公论》发表了连载半年的专栏文章《皇后美智子——心中之桥》，本书是在这些文章的基础上修改完成的。

　　当时我们制作的节目"超级电视信息最前线"还在日本电视台播放，它是全国唯一一个在黄金时间段播出的时事纪录片。我是皇室节目的制片人，在节目制作组启动之后，我在制作组负责人柏木登先生指导下工作，在节目制作过程中整个团队齐心协力，我们做得红红火火。

　　节目的播出，就是将采访来的素材进行编辑，然后将其影像和声音载入电波发送……在播出前，整个节目的制作得

261

到了众多技术职员的鼎力支持。

　　田代裕负责撰写的解说词格调高雅，身为制片人的我首先被感动了。

　　从采访、编辑再到制作完成，工作经常十分紧张，常常不得不在制作现场用餐就寝，和我们一起度过这样紧张的日日夜夜的还有饭岛幸子 G 以及小嶋清美、黑濑敦子、山崎紫麻子、池本宽子 G 等在日本电视台 AX-ON 的女导演组的成员以及被称为 AD 的助理导演们。

　　我在日本电视台 24 年工作生涯中制作的最后一档节目是纪念天皇夫妇成婚 50 周年的特别节目，当时报道局的小林景一制片人给了我很大的支持。

　　我在《妇女公论》上发表的连载文章，摄影师汤浅哲夫为之提供了照片，渡边纪子对文章提出了修改建议。为文章进行从连载到图书出版策划、编辑的是西角真澄编辑。相信西角编辑和我今后于公于私的交往还会继续。

　　负责本书艺术指导的是木村设计事务所的木村裕治和川崎洋子。我的第一本著作能得到憧憬已久的木村设计事务所的帮助，对我来说真是莫大的荣幸。

　　文艺春秋社的渡边彰子在本书执笔前便开始追踪修女布里特的足迹并进行相关采访。此外在《须贺敦子和 9 名信徒》一书中，将皇后评为"谦虚的诗人"的神谷光信也对我的写作给予了热情的鼓励。

　　在本书的写作过程中给予我帮助的还有一般社团法人霞会馆的二荒芳彦、尚友俱乐部的上田和子、原 JICA 总裁藤田公郎、JBBY 的桑田富美子和岛塚尚子、东京儿童图书馆的渡边伸子、原内掌典的高谷朝子等。在此真诚地向给予了我极大帮助的各方人士表示由衷的感谢。真的谢谢你们了!

2014 年盛夏于冈本家中

渡边满子

『文库版』结语

　　我跟踪取材长达 25 年之久的美智子现在已经退位成为上皇后。这让我感慨平成时代的结束。

　　在美智子皇后在位期间的最后一个生日感言中，她写道："履行皇太子妃、皇后的职责对于我而言绝非易事。我履行被赋予的义务的同时，不断留意新的事物——这样的日子不断重复着，转眼间已经过去 60 年。在学生时代，校长多次和我说：'光有经验是不够的。还要认真品味自己的经历。'对于这句话，我不知以此反复告诫自己多少遍。"

　　美智子珍视恩师修女布里特的教诲，她所走过的道路可能是一条献身之路吧。所谓献身便是不顾自己的利益，为他人和他人之事拼尽全力……这是一种至高的美德。

文艺春秋出版社的渡边彰子负责此次文库版的策划和编辑。她曾想写一本有关修女布里特的书。虽然这本书没能问世，但借本书的再版我有幸与她再会。

在 2014 年《皇后陛下美智子——心中之桥》（中央公论新社出版）一书付梓之后，我接受负责编辑西角真澄（音译）的建议开始写作《外祖父大平正芳》一书。[①] 在回顾自己家族的历史的同时，我也回顾了战后日本的历史，并在外祖父留下的文章和资料中发现了一些和美智子有关的资料。

在美智子成婚的 1959 年，日本内阁首相为岸信介，在岸辞职后继承他职位的是池田勇人，外祖父受命成为池田内阁的官房长官。当时日本正处于经济高速增长的年代，以皇太子和美智子的成婚为契机，电视得到了飞速的普及。说来也巧，大平是电视时代的首位官房长官。

在成婚的次年，1960 年 2 月浩宫诞生。在浩宫出生后不久，从 9 月 22 日起的 16 天里，皇太子夫妇代表昭和天皇访问美国。美智子离开才 7 个月大的浩宫，开启长达两周的旅途时心中想必是十分牵挂的吧。美智子录制摇篮曲后才依依不舍地出发，以及她亲手制作婴儿服的故事已经多次出现在我

---

① 此书已由社会科学文献出版社于 2017 年翻译出版。——译者注

制作的电视节目当中。

皇后曾说："我嫁入皇室之后第一个和我有公务上联系的政治家是大平先生。"我猜皇后可能是因为访美一事和外祖父有了工作上的往来。在皇太子夫妇回国之后不久的 11 月，约翰·F.肯尼迪当选为美国总统。此后外祖父成为外务大臣，在他担任外务大臣期间发生了古巴导弹危机和肯尼迪总统遇刺事件。外祖父希望在肯尼迪总统的葬礼上，能有皇室代表前往吊唁，但遗憾的是未能遂愿。最后决定由池田总理和大平一道出席葬礼，在东京，皇太子夫妇和全体阁僚一同出席了在四谷圣伊格纳西奥教堂为肯尼迪举办的弥撒。

此后，出任总理的外祖父曾在 1979 年 8 月 19 日拜访正在轻井泽进行休养的皇太子夫妇。因为正好赶上午餐时间，美智子请外祖父吃了玉米和鳕鱼子饭团。外祖父不一会儿就全吃光了，据说美智子见状十分开心。外祖父享受美食的场景一下子浮现在我眼前。但那不过是惬意的休假期间发生的一个小插曲。此后可能是不断的政治斗争的压力，在大选的首日，外祖父便因心肌梗死而倒下。1980 年 6 月 12 日，外祖父作为现任总理在任上殉职，享年 70 岁。由内阁和自民党在日本武道馆共同举办的葬礼中，皇太子和美智子一道列席并献花。

"政治即是安魂"，这是大平正芳的政治信条。

能够让人们灵魂安静的正是政治。任何人每天都会在生活中感到不安。因此政治应该做的便是努力去除人们心中这种不安。政治必须为国民带去精神上的安定。

在美智子成为皇室一员不久之后,她曾说:"皇室安泰、祥和,我觉得其存在感就好像绳子结扣一般……"

虽然日本在战后60多年没有遭遇战祸,但遭遇了很多自然灾害。在此期间,天皇夫妇真挚地体恤国民,直到他们退位前夕,他们得到的来自国民的支持和尊敬与日俱增。

通过25年间对皇后的取材报道,我获得了很多奇遇,这让我的人生更加丰富。我想今后将继续以"传达"人和事来超越时空,把"联结"作为自己的使命。谢谢给了我这么多的收获!

从2019年5月1日起,"令和"将取代"平成"成为日本新的年号。为治世的平安祈福!

渡边满子

参考文献

『橋をかける　子供時代の読書の思い出』美智子著　すえもりブックス

『バーセルより　子供と本を結ぶ人たちへ』美智子著　すえもりブックス

『はじめてのやまのぼり』美智子著　至光社

『私の中のアメリカ』青木怜子著　論創者

『昭和二十年夏、女たちの戦争』梯久美子著　角川書店

『皇后陛下　美智子さま』PHP研究所

『遠い朝の本たち』須賀敦子著　筑摩書房

『須賀敦子と9人のレリギオ』神谷光信著　日外アソシエーツ

『皇太子同妃両殿下ご結婚二十年記念写真集』時事通信社

『皇太子殿下皇太子妃殿下　御結婚二十年』共同通信社

『幸田文全集』第一一巻　岩波書店

『ひと日を重ねて』清子内親王著　大東出版社

『星の王子さま』サン＝テグジュペリ著 / 内藤濯訳　岩波書店

『御所の花』安野光雅画　朝日新聞出版

『御所のお庭』扶桑社

『KEEPER OF THE GATE』Selwa Roosevelt 著 Simon and Schuster

『苦海浄土　わが水俣病』石牟礼道子著　講談社文庫

『言葉果つるところ』鶴見和子・石牟礼道子著　藤原書店

『皇后陛下お言葉集　歩み』海竜社

『Rainbow　にじ』まど・みちお詩 / 美智子選・訳　文藝春秋

『Eraser　けしゴム』まど・みちお詩 / 美智子選・訳　文藝春秋

『THE ANIMALS どうぶつたち』まど・みちお詩 / 美智子選・訳　文藝春秋

『子どもの本は世界の架け橋』イエラ・レップマン著 / 森元真実訳　こぐま社

『布・ひと・出逢い』植田いつ子著　主婦と生活社

『瀬音　皇后陛下御歌集』大東出版社

『ともしび　皇太子同妃両殿下御歌集』ハースト夫人画報社

『現代百人一首』岡井隆編著　朝日新聞社

「尼門跡寺院の世界　皇女たちの信仰と御所文化」図録

「KAIKO」図録

『森は海の恋人』畠山重篤著　文春文庫

『校訂　新美南吉全集』大日本図書

『でんでんむしのかなしみ』新美南吉著　大日本図書

『一冊の本をあなたに　3・11絵本プロジェクトいわての物語』歌代幸子著　現代企画室

『ことばのともしび』末盛千枝子著　新教出版社

『正田英三郎小伝』正田英三郎小伝刊行委員会　日清製粉株式会社

『ヴィーンびいきのウィーン暮らし』服部豊子著　ブロンズ新社

『花時計　五島美代子エッセイ集』五島美代子著　白玉書房

『アメリカに渡った戦争花嫁』安冨成良、スタウト・梅津和子著　明石書店

『人間の分際・神父・岩下壮一』小坂井澄著　聖母の騎士社

『置かれた場所で咲きなさい』渡辺和子著　幻冬社

『MY LIFE-Twenty Japanese Women Scientists』内田老鶴圃

『科学する心 – 日本の女性科学者たち』岩男壽美子・原ひ

ろ子編　日刊工業新聞社

　　『紀宮さま、黒田慶樹さん　ご結婚』朝日新聞社

　　『文藝春秋』文藝春秋　2003 年 11 月号、2013 年 7 月号

　　『婦人之友』婦人之友社　1959 年 4 月号

　　『婦人公論』中央公論社　1962 年 8 月号

　　『中央公論』中央公論新社　2013 年 1 月号

作者简介

渡边满子（渡邊満子わたなべみつこ）

媒体制作人，1962 年出生于东京。1985 年毕业于庆应义塾大学文学部法文科，毕业后进入日本电视放送网株式会社。曾任 20 多年的电视节目导演、制片人。其间制作了《梵蒂冈西斯廷教堂修复工程项目》,《卢浮宫美术馆蒙娜丽莎系列项目》,日本电视台成立 55 周年纪念节目《女人们的中国》《天皇皇后成婚 50 周年纪念》等节目。2004 年开始在《妇女公论》上连载《皇后美智子——心中之桥》(共 12 集)。2009 年从日本电视台辞职，成为自由媒体制作人，任日本日中电影节执行委员会副理事长。2018 年出席在北京召开的中国庆祝改革开放 40 周年大会，代其外祖父大平正芳领取"中国改革友谊奖章"。另著有《外祖父大平正芳》（中文版 2017 年 12 月由社会科学文献出版社出版 ）。

图书在版编目（CIP）数据

平成皇后美智子／〔日〕渡边满子著；尤一唯译
. -- 北京：社会科学文献出版社，2022.6
ISBN 978 - 7 - 5201 - 4591 - 6

Ⅰ.①平… Ⅱ.①渡… ②尤… Ⅲ.①美智子 - 传记
Ⅳ.①K833.137 = 6

中国版本图书馆 CIP 数据核字（2019）第 054869 号

平成皇后美智子

著　　者／〔日〕渡边满子
译　　者／尤一唯
审　　校／苑崇利　王　敏

出 版 人／王利民
责任编辑／李丽丽
责任印制／王京美

出　　　版／社会科学文献出版社·历史学分社（010）59367256
　　　　　地址：北京市北三环中路甲 29 号院华龙大厦　邮编：100029
　　　　　网址：www. ssap. com. cn
发　　　行／社会科学文献出版社（010）59367028
印　　装／三河市东方印刷有限公司

规　　格／开本：787mm × 1092mm　1/32
　　　　　印张：8.875　字数：168 千字
版　　次／2022 年 6 月第 1 版　2022 年 6 月第 1 次印刷
书　　号／ISBN 978 - 7 - 5201 - 4591 - 6
著作权合同
登 记 号／图字 01 - 2019 - 5560 号
定　　价／59.00 元

读者服务电话：4008918866